[法]
阿兰·布拉克尼耶
著

Alain
Braconnier

王大智
吴欣炎
王琦
译

如何做到爱孩子也被孩子爱

爱、理性与逻辑的完美结合

ÊTRE PARENT AUJOURD'HUI

Amour, bon sens, logique

海峡出版发行集团 | 鹭江出版社
THE STRAITS PUBLISHING & DISTRIBUTING GROUP

图书在版编目（CIP）数据

如何做到爱孩子也被孩子爱：爱、理性与逻辑的完美结合 / (法) 阿兰 · 布拉克尼耶著；王大智，吴欣炎，王琦译. -- 厦门：鹭江出版社，2025. 10. -- ISBN 978-7-5459-2591-3

Ⅰ. G780

中国国家版本馆CIP数据核字第2025KY2233号

福建省版权局著作权合同登记号　图字：13-2025-043

出 版 人　雷　戎

责任编辑　王　枫　　李　杰

美术编辑　林烨婧

RUHE ZUODAO AI HAIZI YE BEI HAIZI AI

如何做到爱孩子也被孩子爱

爱、理性与逻辑的完美结合

［法］阿兰 · 布拉克尼耶 著　　王大智　吴欣炎　王琦 译

出版发行：鹭江出版社

地　　址：厦门市湖明路 22 号　　邮政编码：361004

印　　刷：天津联城印刷有限公司

地　　址：天津市宝坻区新安镇工业园区 3 号路 2 号　联系电话：022-29937958

开　　本：710mm × 1000mm　1/16

印　　张：15.25

字　　数：150 千字

版　　次：2025 年 10 月第 1 版　　2025 年 10 月第 1 次印刷

书　　号：ISBN 978-7-5459-2591-3

定　　价：58.00 元

本书若有质量问题，请与本公司图书销售中心联系调换

电话：（010）62513889

目

录

第二部分
五个需要反思的教育原则

第四部分
怎样做合格的父母?

导言

不必事事完美，也可以成为最好的父母

世上有完美的父母吗？当然没有！

身为两个孩子的母亲，维吉妮坦言："我的周末是属于孩子们的，只有工作日才有一点点自己的时间。我总是希望周末快点到来，好多陪陪孩子们；但是到了周末，又会盼着周一快点到来。"当今社会，家长应该如何摆脱负罪感，让自己成为淡定从容的父母呢？

孩子从怀抱玩具的小宝宝变成手机不离身的青少年不过十几年时间，我们只有这短短的时间帮助孩子们做好准备，去迎接未来的挑战。我们有时会苛求自己，一心想成为完美父母；有时又

想撒手不管，让孩子自己长大。怎样才能在两者之间实现平衡？

在这个日新月异的世界里，如果想要孩子们顺利长大成人，就需要重新审视20世纪末提出的五大教育原则（参见第二部分）。本书对这五大教育原则持怀疑态度，因为无论对于新手父母还是正在成长中的父母而言，这些原则往往只是徒增压力。一个孩子的成长、发展与自我塑造离不开爱，没有人会否认这一点。然而，光有爱是不够的，五大原则中并未谈及的理性，才是让所有孩子学会谨言慎行的基础。曾经有人这样说过："当下即是未来。"用这句话描述儿童教育再准确不过。

被拖拉散漫的儿子激怒后，一位母亲无奈而又幽默地发出这样的慨叹："我为他付出那么多，让他拿个诺贝尔奖也不算过分吧？"我们不禁要说，亲子间的爱本该是双向的，什么时候起竟然变成了单向的付出？我们养育孩子不仅仅要帮助孩子做好规划，还要建立起双向的爱。这样，父母就可以期待与孩子实现"双赢"：爱孩子，也被孩子爱。

想让孩子们足够乐观、满怀自信地走向未来，面对未知的挑战时勇敢地去战斗，就必须教会他们承担责任，激发他们对自由、对尊严的渴求（自由并非只是从心所欲，还需意识到自身的责任），帮助他们建立正确的自尊。每个人都深爱自己的孩子，期待他们拥有最美好的未来。有哪个做父母的不希望孩子未来能够肩负起责任，坦然面对生活中的跌宕起伏呢？

但是到底应该怎样做呢？自孩子出生起，父母余生都需明确并熟练运用教育的三个秘诀：爱、理性和逻辑。这些秘诀其实您早就知道，它就在您的内心深处。然而，有时实践起来却相当艰难。

本书旨在帮助读者根据情境灵活运用上述三个秘诀。面对哭闹的婴儿、缠着父母还拒不做功课的儿童、顶嘴叛逆的青少年，我们应该怎么办？也许，我们不必事事完美也可以成为最好的父母：给予爱的同时也尊重现实；为孩子着想，也为自己着想；尝试用孩子的视角看世界，但也不忽视自己的感受；保持微笑但也不惧怕眼泪；培养幽默感但也不助长戾气；学会运用沟通的力量，而不是一味地强制，因为好言相劝常常比严令禁止更有效。找到自信、树立责任感、保持乐观的心态是良好教育的三大基石。

父母、教师、医生、心理学家……所有人都发觉，当今世界有越来越多更难管教的孩子。现代生活越来越以享乐为原则，而不是以现实为根本。四十年的职业生涯以及人生阅历使我有机会接触到两代父母，与过去的严苛教育相反的理念既吸引又裹挟着他们。面对日趋复杂的世界，理性的缺失成为教育的一大威胁。本书将逐一纠正过去以及近些年儿童教育中的误区，并提出新的观念。教育风暴来袭，希望本书可以对您有所裨益！

第一部分

为人父母，是美梦还是噩梦？

我忙于欢笑，因为担心自己有时不得不哭。

——《塞维利亚的理发师》（戏剧剧本）

第 1 章

世上没有完美的父母

你原以为自己是个有理性、有逻辑、有爱心的人。然而，孩子的出现让你不禁怀疑自己，因为他们的行为举止有时会试探你爱的底线、挑战你理性的边界、考验你逻辑判断的能力。根据我自己为人父母的经验，以及倾听、帮助那些向我寻求建议的家长的经历，我发现，放任孩子不管以及欣慰或沮丧地旁观远远不够，我们应该行动起来——也许你也意识到了这一点。现代教育若要取得成功，不仅需要激发儿童的兴趣及想象力，还要教会他们适应现实生活、理性思考、理智行动。也就是说，在“爱的原则”的基础上，还应该加上一条“现实原则”。

开饭了！

一家人坐在餐桌前享用美食是生活中既寻常又重要的时刻。

但是，当你一遍遍催促“吃饭啦！吃饭啦！”，低头用手机发消息的孩子却无动于衷时，你便会无奈地意识到，成为父母是喜悦和幸福的，但同样也是噩梦的开始。全年无休的家长角色让你不时渴望过个二人世界，远离孩子，寻求片刻的安宁。

你原本相信，围坐在餐桌旁是创造和谐家庭氛围的绝佳时机，大家可以交流自己的兴趣，消除可能的误会或者随便谈些什么。结果呢？孩子小的时候，不一定喜欢你做的饭菜；等他们长大一些，可能会拒绝回答你提出的问题，尤其是和学校相关的问题；等孩子到了青春期，即便你已经保证过今晚一定不聊那些不开心的事，孩子还是会以必须复习功课为由，紧闭房门。虽然看起来孩子早就自己搞定了一切，什么事都没有，但你还是会放心不下。

现代社会向父母施加的压力不仅不能帮助解决类似的问题，反而会加剧问题的复杂性。

本书试图帮助家长顶住压力，以尽可能恰当的方式运用育儿之道，处理形形色色的问题。曾经，你盼望着孩子的到来，现在终于梦想成真。你希望一切顺利，希望孩子幸福，希望他能够从你的教育和经验中受益。但是这些愿望有些理想主义，因为你家的那个小孩不知世事险恶，他脑子里想的除了玩还是玩，永远都是玩，他不明白你为什么对未来忧心忡忡。几个世纪以来，人们都是延续自己父辈的教育方式来教育自己的孩子，但是时至今日，如果依旧沿袭这种做法，恐怕会雪上加霜，让事情变得更加麻烦。

家庭晚餐时光可能会很愉快，也可能令人大失所望。在分析完典型的家庭晚餐场景之后，我接下来要剖析大概每个人都经历过的餐馆场景。显然，如何让孩子们乖乖吃饭是亟待解决的难题。

三个真实案例

有些孩子没有边界感，在公共场所会不断地打扰别人；同样，也有些大人会反应过激，没有表现出应有的宽容。怎样在公共场所让小孩子表现得乖一点，不超出他人的忍受范围呢？

孤立无援

忙碌一天之后，你约朋友去吃晚饭。一对和善的夫妻带着一个小宝宝坐在邻桌，他们显然还是新手父母。餐厅的气氛轻松愉快，你不由自主地朝小宝宝微笑。他却突然大哭起来，发出刺耳的喊叫声。不是你把他惹哭的，至少你希望不是。大家的第一反应是保持镇静，若无其事地交谈着。由于眼前就有一个小婴儿，你自然而然地谈到法国的出生率比其他欧洲国家都要高，也许是希望这一乐观的社会现状能够让小宝宝平静下来吧！然而，邻桌这个小宝宝丝毫没有停止号哭的意思，撕心裂肺的叫声都快把你们的耳膜震破了。这孩子现在可一点都不像个小天使。为了缓和一下气氛，你们的朋友提醒那对年轻父母："你们这是要培养出一个男高音歌唱家呀！"那对父母没有说什么，只是继续微笑着安抚宝宝，然而那个宝宝的叫声丝毫没有减弱。你们大概都对这对父母的态度感到疑惑，但是谁也没有明说，尽管谈话因宝宝的哭喊而时断时续，你们仍然装作未受影响地继续交谈。值得称赞的是，餐厅老板出于对其他顾客的考量，上前与那对夫妻交涉，也许他向他们言明了问题所在。本着“顾客至上”的经营原则，老板只能采取折中的办法——提议你们换桌。你们换到了厨房门旁边的那一桌，不同菜品的味道混杂在一块，飘散出来，即便如此，坐在这里也比听婴儿哭闹好得多。“小恶魔”仍然哭哭停停，时不时大声号叫，看样子是想让他周围的所有人都置身地狱。终于，破坏餐厅氛围的三人结账离开。虽然他们离开时用眼神狠狠地表达了谴责之意，但是餐厅里的顾客似乎都松了一口气。

难道是你无法容忍小孩的哭声吗？有时，你会乘火车或飞机，坐在小婴儿旁边，这种情况不也是无法避免的吗？难道你对那些没有能力雇保姆、也没能从父辈那里获得支持的年轻家长如此不宽容吗？

公众的容忍是有限度的。放任婴儿高分贝哭声折磨他人，婴儿的父母要么是完全没意识到这种行为给他人带来的困扰，要么就是缺乏基本的礼节，要么就是完全以孩子为中心（这种育儿理念很可能把“小皇帝”培养成“小暴君”）。

餐厅里这对父母的做法是当今非常常见的育儿方式。如果孩子从婴幼儿时期到儿童时期再到青春期都浸润在这种环境中，在溺爱中长大，那么他长大以后很有可能受不了半分约束，常常反抗老师的权威，难以步入成人世界。

在上述情境中我们看到，父母的安抚和微笑毫无疑问彰显了他们对孩子的爱，但也表明他们不知道何时应该采取行动约束孩子的行为。他们被迫中断与家人共享佳肴的美好时光，也算是付出了代价，但他们是否懂得应该教育孩子尊重别人、讨人喜欢？他们是否懂得孩子不是成人，只有在确保孩子不会逾越规矩的前提下，或者孩子被清楚告知有些场合不该大声嚷嚷、不可以到处乱窜的情况下，才可以把他带去餐厅或者其他场合？没错，每个人都有自由，但不容置疑的是，自由是和责任联系在一起的。

像这一类型的父母，我们称其为“放任型家长”。他们尚未告诉孩子周围的世界处处存在限制和约束，也没有教会孩子为自己的人际关系负责，就过早放开双手，让孩子自由翱翔。此外，在培养孩子的过程中，他们几乎都会明确地向孩子灌输这样的思想——你总是正确的，如果周围的世界与你的心意相左，那就是站在了你的对立面。餐厅的案例也说明这对父母不懂得将爱与理性、逻辑结合起来。因此，孩子也就界定不清家庭内部与家庭外部、公共领域与私人领域、成人行为与儿童行为。

最终，还不会说话的宝宝通过哭喊表达自己的需求，而这对父母只能百依百顺，放任孩子哭闹。

另一种方式刚好与之相反，走向另一个极端——有一部分家长通过对宝宝大声吼叫来制止不当行为。这并不会好到哪里去，因为宝宝其实是无辜的。

正确的做法是，家长秉持理性和积极的态度，明白他们的宝宝还不能完全掌控情绪，不熟悉的环境会引起他的焦虑，因此需要暂时离开餐厅，以此让宝宝平静下来。也许几个月后，情况就会完全不同。

角色颠倒

奥雷利安6岁了。假期时，爸爸妈妈带他去爷爷奶奶家。奥雷利安在火车站的玩具店里看中一个玩具。当时他们正要赶火车，妈妈告诉他，包里已经带上他最喜欢的玩具了，爸爸也说，爷爷奶奶家有很多好玩的。但是，奥雷利安根本不听。他原地跺脚，想要挣开妈妈的手。爸爸发火道："别闹了！"但是并没有紧紧牵住他。奥雷利安也生起气来，广播播报火车即将发车，他却赖在原地不走。最后，爸爸妈妈只好给他买了一瓶汽水，他才平静下来。其实，从家里出发时他就闹着要喝汽水。

在如此紧急的情况下，这对父母的态度无可厚非。但是，如果为了安抚6岁的儿子，他想要什么就给买什么，那么当儿子15岁的时候，父母又该付出怎样的代价？当孩子需要适应未来世界的种种约束时，他又该如何面对？他能否学会如何面对诱惑和危险，比如被许多专家称为21世纪"世纪病"的网瘾？

孩子不停地要这要那，家长没有限度地满足他们；由孩子设定规则，家长遵循；孩子选择娱乐活动，家长服从。见证这样的情景真是让人感到不可思议，与过去的情况相比，如今的孩子仿佛成了“家长”，家长反而成了“孩子”。

为孩子考虑，也为自己考虑

奥蕾莉有一个12岁的儿子和一个8岁的女儿。她笑着对我说的第一句话就是：“孩子们去参加夏令营了，这一周我们都过得很清净。我们享受了一下二人世界，去了餐馆、电影院，还买了些东西。孩子们的房间也可以重新粉刷一下，终于有时间关注一下自己，忙点自己的事情了。”

奥蕾莉失而复得的好心情表明，自有了孩子，在生活中想要轻松一点就变得不那么容易。她说，她爱孩子们，她的丈夫也表现得很贴心，把孩子们照顾得很好。于是，我们探讨了她所接受的教育与她给孩子们的教育有何不同。她发现孩子们比她小时候挑剔多了。当整理房间、开始学习，或者规划的周末活动让他们不开心的时候，他们敢于强烈反对。奥蕾莉承认，有时很难对孩子们的要求说“不”。她还记得，自己在他们这个年纪的时候懂得自己找乐趣，而她的孩子们却总是需要爸爸妈妈的陪伴。他们常常挂在嘴边的就是“我们要做点什么？”“你不陪我们一起玩吗？”。她觉得姐姐、姐夫家的情况更令人难以忍受：姐姐、姐夫对孩子放任不管，毫无家长威信可言。

奥蕾莉有一对夫妻朋友，他们对待孩子的态度与姐姐、姐夫截然相反：他们禁止孩子在家里玩电子游戏、看电视、看漫画。因此，这对夫妻的孩子跟其他孩子格格不入。他们在学校里被孤立，因为跟同学们没有共同话题。他们来跟奥蕾莉的孩子玩耍时，看到游戏手柄流露出的那种惊奇的神情，令奥蕾莉不禁为他们感到难过。她发现在这件事上，老师们没有意识到他们留的家庭作业包含着一个隐性的前提条件——能上网，他们没有考虑到并不是所有家庭的孩子都能自由上网。

奥蕾莉高兴地发现她的孩子喜欢阅读，她和丈夫之前非常谨慎地培养他们的阅读品味。但是，对孩子来说，动笔写字还是要比敲电脑键盘困难。奥蕾莉结合自己的工作说到这个问题：她负责接收简历，现在的年轻求职者的拼写水平令人震惊，就连那些高学历的求职者也是如此。我们应该告诉孩子：即便世界发生了变化，人们终究需要知道怎样正确地书写和表达。

奥蕾莉爱她的孩子，她的丈夫也是。他们深知自己对孩子的未来负有责任，但有时也会感到疲惫，想要留一些时间给自己。这位母亲和她的丈夫抚养孩子长大的同时，总是惦记着让孩子准备好面对未来。然而，不敢放任不管也不敢过于严格，不正表明他们过分关注、过分容忍、过分尊重孩子的要求吗？虽然夫妻俩对孩子的爱不容置疑，但是当他们终于能够独处时那如释重负的感觉，是否恰恰说明他们过于顺从孩子的日常要求了呢？奥蕾莉和丈夫非常关心孩子，但这是否也说明他们恰恰是被当代的教育理念完全束缚住了？在过去20年间，政府出台了维护儿童权利的政策，但是从没有人关注父母个人生活的权利和孩子应尽的义务。有些大人好像从没教养过孩子，也有些大人自从有了孩子就再也无法享受成人生活的乐趣，这两种情况都真实存在！

任何年纪、任何时代的人都会在享乐和现实之间寻求最佳的平衡。孩子从出生到青春期，父母的任务就是帮助他们建立信心，让他们对自己的选择负责。孩子越是感到对这种有限制的选择负有责任，他们就越自信。从孩子小时候开始，我们就需要在日常生活中切实地培养他们的责任感。在我看来，孩子未来生活的成功取决于在享乐与现实之间寻求到的平衡。

我们应该让孩子逐渐认识成人世界。成人世界不一定是悲惨的，但也不总是一帆风顺的。这一判断即使放在未来也错不了，甚至世界还可能变得更残酷。帮助孩子为将来做好准备是爱的最佳证明。

追求完美，是疲惫的开始

当下，为人父母并不容易。在过去很长一段时间里，“完美家长”是指那些能够让孩子听话的家长，人们以此为榜样，效仿他们建立起自己的家庭和事业。然而，如今谁会自吹自擂，说自已是完美家长的典范呢？现在的妈妈甚至会被建议“不必做完美母亲”。最新的报刊文章上有这样的观点：在任何时候，孩子的意愿都应该受到重视。你也许深以为然，但是对孩子百依百顺并不总是最佳方案——两岁半的孩子试图抓起水果刀，难道也要听之任之？孩子的意愿需要尊重，但是我认为孩子的人身安全更不能忽视，这就是简单的理性原则。

我所主张的成功教育实际上就基于这种理性原则。孩子采纳建议、遵守家庭生活规则，实际上是效仿契约精神，而不是对父母的无条件服从。令人欣慰的是，一直以来，契约和合作都是社会生活的基础。那么为什么不让孩子从小就去学习、实践呢？对于契约与合作，著名人类学家克洛德·列维－斯特劳斯的观点与18世纪的哲学论述相契合：“卢梭与他同时代的人深知，有关‘契约’与‘合作’的教育并非不重要……它们是社会生活的基石。”

如今，对于家长和关心儿童心理发展的人来说，一个更加深刻的问题摆在面前。心理的平衡在两个极端之间摇摆，无所适从，而两个极端之间的矛盾又完全不可调和：一方面需要安全感和平静的生活，渴望有条理、有逻辑的理性智慧，期待集成功和幸福于一身的理想自我；另一方面，希望拥抱欲望，与之融合，自由发展。在我看来，如今无论是在家庭还是在意识形态、文化、职业或宗教领域，没有任何一种现行的方法足以解决这一矛盾。父母缺乏个人成就时往往会在孩子身上寻求自身的超越。于是，追求完美的父母希望将孩子塑造成他自己成为不了的救世主。我们应该明白一点，如果不存在完美的父母，那么自然也没有理想的孩子。

你想成为完美家长吗？你想成为在孩子不肯睡觉时仍能保持微笑的家长吗？你想成为从不担心“明日骄子”的成绩的家长吗？你想成为面对拒绝放下手机、离不开电脑的青少年仍能平心静气的家长吗？或者你想成为从不烦躁发怒的家长吗？

如果你自认为是完美家长，不如问问自己是否做到了上述几点。问题是，理想的家长只存在于纯理论的书中。你正在阅读的这本书只会建议你做一个真实的家长，一个能对孩子的未来有帮助的家长。大多数家长都会遇到类似的情况：孩子哭的时候，你没办法让他停下来；孩子需要你的时候，你不能马上回应；孩子睡前打闹，你发起火来。你是一个普通的家长，假如你不能安然接受上述三种情景中不时产生的挫败感，疲倦就会伺机将你压垮。

为了给你的孩子最好的教育，本书提倡爱、理性与逻辑结合的教育方式。问题在于，爱、理性与逻辑并不总是协调一致。举个十分常见的例子：孩子开始接触手机的年龄越来越小，他每天花费数小时在手机上，比如给他朋友打电话，而不是为第二天的考试做准备。从爱的角度出发，你为儿子交到新朋友甚至是女朋友（如果是女儿，道理亦然）而感到高兴，何必扫他的兴，非要在客厅里来一场你争我夺的游击战？然而，你还拥有理性，甚至准备了一套有逻辑的说辞说服他挂掉电话。从理性的角度出发，问题是显而易见的：他不能把整晚的时间都用来煲电话粥。逻辑能够帮助你阐述两个理由：第一个理由是，虽然学习不如打电话轻松愉快，但是第二天要考试，今晚要做的功课因为闲聊迟迟不能开始，何况聊的话题并没有那么紧急。第二个理由更科学，如果能够体现出你尊重儿子（或女儿）的独立人格，这条理由会更加有效。例如，可以对他说，你刚刚读了一篇文章（要利用一切可以利用的武器），上面写道："国际癌症研究机构近日将移动电话及其他智能手机的辐射列为致癌物。"你甚至了解到，不同手机的功率差异很大，销售手机的各大国际公司之间打响了通信战和研发战。你还可以补充说，这篇文章的作者似乎已经掌握了相当完整的信息，而且不乏幽默，他在文章结尾提到那些互相竞争、自卖自夸的公司时这样写道："我们被手机辐射危害的大脑顶叶向它们致以谢意……"你的"小天才"可能会怀疑，也可能会因你强加的限制和给出的理由感到恼火，这时你可以补充说，自己是在这本专业杂志上读到该篇文章，然后说不定他也会满怀兴致地读起来。也许他会惊叹于杂志的高品质和丰富内容，从而要求每个月都买来看！

显然，对他说"你这电话打得够长了"或"你也没什么要说的，快挂掉电话吧"，然后勒令他放下手机，是更容易的做法。但是，如果按照我的建议行事，你就会更符合爱、理性与逻辑结合的教育方式。这样可以尽可能确保他不会一上来就闹情绪，确保同样的问题第二天不会再度出现，确保他明白你不只知道约束他，还会运用理性的力量，把他当作一个明事理、负责任的孩子。最后，这么做也向他表明你同样对摩登世界感兴趣，你也懂得欣赏幽默。也许达不到预期效果，但是或许会有惊喜。你可以告诉自己，你肯定比其他父母做得好，你尽力让他听话了。如此一来，你就抛弃了一些身为父母的不切实际的期待，更加接近真实的自己。

从小婴儿长成青少年，孩子会一直需要你对他表现出强烈的爱意，预测他的需求，围绕他的行程安排自己的日程。你必须坦然接纳在养育孩子的过程中会有被激怒、被质疑的时候。孩子不会满足于一个温柔的眼神，一周通一次电话或者写一封电子邮件。你有时会感到无力或愤怒，这是正常的。气馁放弃、放任不管是比较容易的，但是如果这种态度成为一种习惯，那么后果肯定会更加令人痛苦。全世界的孩子都一样，就算本来不是“小暴君”，在这种态度的助推下，他也会变得越来越难管教，家长应该学会制止他们。孩子需要面对面的交流，我们爱孩子的同时也需要意识到应该拒绝他们的无理要求。

现实生活中的家长面对“心肝宝贝”的任性，会无可奈何地叹气，会不时想拿自家的“熊孩子”去跟邻居家听话懂事的小孩做交换，也会像小孩子一样用毛绒玩具安抚自己。

第 2 章

世界在变化

你绝对有理由认为，现在的情况与过去几代人经历的已经完全不一样了。在这个时代，教育模式已悄然发生变化：常常不是孩子配合家长，而是家长围着孩子转，这种情况越来越普遍。AVG 网络安全公司对全球 2200 位幼童母亲展开调查，结果显示，孩子接触网络的年龄越来越小。绝大多数儿童（80%）甚至不到两岁就有了带照片的个人网页，其中有 7% 已经注册了电子邮箱。该项调查显示，接近 1/4 的儿童甚至在出生之前就已经出现在网络上：32% 的美国妈妈将胎儿的超声波图像上传到网络，13% 的法国妈妈也是如此。

“刚满两岁，沉迷手机”，这是 2010 年 10 月《纽约时报》一篇文章的标题。文章中讲到两个故事。在第一个故事中，一位有两个孩子的年轻母亲说，她的小女儿两岁的时候，就从她爸爸那里拿到了手机。这是她第一次接触手机，“她按下按键，手机屏幕被唤醒。我清晰地记得她那惊叹的模样……她对手机产生了极大的兴趣……从此她就再也离不开手机了。”另一个故事的主角是一个小男孩，也是两岁，妈妈要送他去幼儿园，他却不肯出家门。这位妈妈早已熟悉这种场面，马上就使出了“克敌制胜的武器”，她一只手把儿子抱在怀里，另一只手用手机在视频网站上搜索他最爱看的节目——《米奇妙妙屋》。随后，她顺利地把儿子抱上汽车安全座椅，从家到幼儿园的 15 分钟路程中，他看着最喜欢的动画片，开心地跟着哼唱。但是，下一次这位妈妈要使用什么方法才能把孩子从家里哄出去呢？小男孩已经意识到从家到幼儿园是有一段距离的，何不趁机教给他时间和空间的概念呢？这样的话，等他长大些，学数学就能更加得心应手。这样做难道不是更好吗？

如今，智能手机的一些应用程序直接面向 5 岁以下儿童，大多属于“教育”类应用。有些应用程序甚至会每隔一段时间自动提醒幼儿上厕所。美国儿科学会早就建议父母在孩子两岁之前不要让他们看电子屏幕，目前，该学会仍坚持这一观点，并且不建议孩子使用手机。但是，有些美国家长却认为，这些设备具有重要的教育价值。例如，一位美国妈妈（她有两个女儿，一个 3 岁，一个 8 岁）认为，小女儿的阅读和拼写能力领先于同一年龄时期的大女儿。她将之归功于手机。通过一款名叫“蒙特梭利填字”的应用程序，小女儿学会了拼读“烟花”之类的词语。

许多心理学家都对这种教育方式持有疑虑。有学者担心长时间盯着屏幕会阻碍小家伙们感知和探索世界。哥伦比亚大学巴纳德学院幼儿发展中心主任托瓦·克莱因指出：“这个年纪的孩子充满好奇，他们会观察一切。”还有一些心理学家告诉家长，孩子们在这个年纪最需要的是活动身体，摆弄各种各样的物品，而不是玩一款教育类的拼读软件。

40年来，家庭生活与儿童教育领域发生了变化。过去，没有孩子玩暴力电子游戏，没有青少年在自己房间里通过社交网络与陌生人交谈，也没有被电子商务专家称为“数字妈妈”的群体。“数字妈妈”是指现代社会中经常浏览购物网站、拥有脸书账号或是创建了个人博客的妈妈。这一概念首次出现在20世纪80年代的美国广告中，用来代称“50岁以下的家庭主妇”。

为人父母需要与时俱进

接下来，我们继续讨论亲子关系。从前不会接触到这么多的负面社会新闻，“性”不会被如此直接露骨地表现出来，很少有人独自抚养孩子。除此之外，与过去相比，父母可参考的教育方式也发生了根本变化。不假思索地复制从自己父母那里接受的教育，这种做法已经不再适用。现在，孩子们在父母的期待中出生，他们的未来被规划得明明白白。如今，重组家庭越来越常见，还有单亲妈妈的问题，这些都需要我们重新划定家长的职责。最后，自出生起，孩子的发展就占据了越来越重要的位置（尤其是那些被视作“小皇帝”的孩子）。婴儿被看作一个完整的人，令人难以忍受的儿童不再被视作“熊孩子”。至于青春期，我们并不知道它何时开始，何时结束。本书的目的就是帮助家长们应对这些新挑战。

成为父母意味着生活发生翻天覆地的变化，大脑内部也会产生相应的改变。科学家证实，成为父母增强了我们的抗压能力、建立情感联系的能力、记忆力和决策力。只要不过度紧张，那就再好不过了。正如有关学者近年来着重强调的那样，这一蜕变很可能始于产前充满期待和不确定性的时期。

父母应该确保孩子在情感、智力和有关社会的各方面得到最好的教育。然而，我们不难发现，无论在哪个时代，为人父母总是有时充满激情，有时满腔怒火。如今的教育已经成了一项真正的挑战，一些家长常常为自己发火而懊恼。其实，只要不总是被情绪牵着走，发火并不算多大问题。对孩子们而言，家长的愤怒能够让他们意识到自己叛逆和犯蠢的后果，意识到错误的严重性。

第 3 章

你是否有过放弃的念头？

尽管政府、地方、企业和社区越来越多地为家庭提供帮助，但是最终与孩子面对面接触的还是家长，而作为家长并不总是那么轻松。

孩子不好好吃饭是最令人头疼的问题

婴儿很容易出现轻微的进食障碍，父母为之担心，原因主要有三点：影响宝宝增重、不利于宝宝的成长发育以及可能阻碍他们与小宝贝之间的爱。

婴儿拒绝进食、呕吐或者吐奶，是在向爸爸妈妈传递某种强烈的信号。更常见的是，一些妈妈经常头疼应该给孩子做什么饭菜。刚刚断奶，喜欢鸡肉、胡萝卜泥等罐装辅食的小婴儿第一次吃家庭自制的花椰菜炒蘑菇就可能会吐出来。青春期孩子的口味也会随心情变化，很多妈妈们为此绞尽脑汁。

达芙妮是一位十分关心孩子的母亲。她今天休假，终于有时间可以好好做顿饭了。她将自己对孩子和丈夫的爱统统倾注在美食中。她打算去家附近的市场，但是一连串的问题浮现在脑海中：做什么菜？搭配什么蔬菜？准备什么甜点？小儿子里奥很挑食，胃口向来不好。她记得在儿子很小的时候，为了让他好好吃饭，两人之间发生过很多争执。里奥的祖母觉得达芙妮过于忧虑、过于苛求。于是，她试着放轻松一些，与里奥关于吃饭的争执也减少了一些。然而，这位全身心爱着儿子的母亲，内心深处仍有一丝隐忧。现在，里奥已经 8 岁，达芙妮尽量做着里奥喜欢的菜式，同时不至于使家庭其他成员感到不快。晚饭时间到了，达芙妮将餐桌布置得漂漂亮亮，端上她精心烹饪的鱼和蔬菜，因为她知道里奥喜欢把鱼和蔬菜搭配着吃。但是盘子里的东西还没动，里奥就大喊："这个没煮熟，我不喜欢你做的蔬菜，有没有薯片？"虽然似乎已经习惯了儿子的这种行为，但是达芙妮内心的怒火仍在升腾，夹杂着失望和无助，她快要哭了。这孩子真是讨厌、任性，令人难以忍受。达芙妮不知道她丈夫是不是也非常生气，或者他也一样感到无可奈何。实际上，这种情况已经出现过很多次。

这位妈妈如何才能结合爱、理性和逻辑采取行动？可能她本来想说："把你盘子里的东西老老实实地吃掉，不要再任性了！"

或者“你怎么这么烦人呢？我特地给你买了鱼，还做了新鲜蔬菜。”或者“你要是不想吃，就去别的地方吃吧。”然而，命令儿子必须吃掉、让他感到内疚或是不管他，都不是理想的做法，都不是爱、理性与逻辑结合的教育方法。相反，她对儿子说：“我和爸爸、姐姐都觉得这条鱼煮得火候正好，蔬菜也很好吃，你可以自己决定是看着我们吃还是跟我们一起享用。或许你还太小，不懂得品尝美味。”虽然她担心里奥会固执地拒绝吃饭，但理性告诉她，就算那样他也不会饿死。她的做法很明智，让人联想到那些为了引诱小孩子吃东西，品尝一口食物然后露出满足的微笑的妈妈。爱、理性与逻辑让我们将吃饭这种基本需求与它带来的愉快体验联系起来。达芙妮尝试运用说服的力量，而不是一味去强制。

更令人担忧的是，这种进食问题可能进一步发展成婴儿或者青少年厌食症。典型的婴儿厌食症出现在婴儿首次与父母分离的时候，通常在孩子 6 个月大左右，并有可能越来越严重。如果病症持续，显然有必要咨询儿科医生。

对于青少年，不能把神经性厌食症和单纯的减肥混为一谈，尤其是女孩子。我们一贯认为女孩子只是想减肥，可其实她们十有八九是患有厌食症。这时我们能够观察到孩子的体重大幅度甚至令人感觉触目惊心地下降、月经推迟甚至闭经。如果是一个固执要强的女孩子，我们还极有可能看到她表现出身心过度活跃的样子。这种情况下，同样也需要咨询医生，不应拖延，因为干预、治疗效果与是否及时就医有很大关系。

关于睡觉的种种

奥古斯丁今年5岁，但非常早熟。有一次叔叔问他："你跟我说，你母亲每天晚上为你祷告。你喜欢这样吗？她祷告时都说些什么？"奥古斯丁回答："她说：'感谢上帝。他终于上床睡觉了！'"

婴儿需要很长的睡眠时间，在出生后的前4个月每天都需要睡大约17个小时，中间会醒来喝奶。每个家长都知道，在前6个月甚至1年的时间里，他们必须半夜起来给宝宝喂奶或安抚宝宝。直到1岁，宝宝才能养成正常的昼夜作息，每晚睡8～10个小时。但是，他们白天仍然需要至少小憩两次，这种情况会一直持续到两岁左右。

孩子从出生到七八岁，入睡困难和半夜醒来是最常见的，也是父母最担心的状况。的确，噩梦甚至夜惊，从孩子出生的第一年开始就会出现。

在睡眠方面，孩子的表现各有不同，明白这一点很重要。有的孩子睡得多，有的孩子睡得少；有的孩子习惯早起，有的孩子夜里精神百倍；有的孩子睡得熟、雷打不动，有的孩子焦虑不安、怕黑、需要人安慰；有到了睡觉时间就饿了或渴了的小滑头，也有觉得被窝里温暖惬意的小乖乖。睡眠显然是衡量孩子兴奋和焦虑程度的一个重要指标。睡眠是维持生命必需的活动，有些孩子对环境的变化十分敏感，当他换了床或哄他睡觉的人不一样时，就可以看出这一点。家庭变故、分离、小弟弟或小妹妹的到来以及日后在学校里发生不愉快的事情或家庭矛盾等，都会影响孩子的睡眠。

对孩子的爱促使父母关心孩子的睡眠，他们想了很多办法：给孩子准备一个毛绒玩具，读一则睡前故事，开一盏小夜灯或把门敞开着，甚至同意让孩子定期到主卧睡觉。当然，也有一些父母严令禁止孩子到主卧睡觉。其实，大可不必为这一做法感到不安。只需保持理性，使之成为定期的安抚，而不是允许孩子一直赖在主卧，就没有什么问题。

从理性的角度讲，孩子睡觉前不应该让他太兴奋，也不要轻易屈服于他的任性。从逻辑的角度讲，孩子像成人一样，睡眠时间需要与自己的生理需求和个人节奏相互适应。同样，以逻辑为出发点，父母应该考虑到睡眠活动对环境很敏感，因此他们应该参考一些基本建议：当孩子睡觉时，让他远离噪音和躁动；不要在睡前或睡觉时刺激他；把孩子安顿在昏暗的环境中；室内温度保持在 19℃ ~ 21℃；如果孩子哭就过去安抚，但是不要把孩子抱在怀里或者把他带到主卧里，特殊情况除外。逻辑让我们清楚一个道理：睡眠是一个习惯问题。

面对越来越晚睡的青少年儿童，哪个父母不曾感到气馁，想要撒手不管呢？青少年睡眠不足的情况并不少见，特别是工作日，他们睡得晚但又必须早起去上学。到了周末，他们又常常晚上出门，然后睡到第二天下午 1 点。每个家长都应该明白，暂时的入睡困难在青春期是很常见、很普遍的。但是，父母也应该强调极度睡眠不足的不良后果（也许孩子自己也能觉察、预料到，如无法阅读甚至神游发呆），让青少年对自己的睡眠负责。如今，青少年一天到晚抱着手机，深夜发短信、在智能手机上刷脸书……因此，家长必须制定使用手机的规则，例如，与孩子商定一个合适的时间，每天到了约定时间就将手机放到客厅或者厨房里。有了这条规则，就可以防止孩子养成坏习惯，而坏习惯一旦养成就很难改掉。

5 岁的纪尧姆正和家人度假，父母决定带另外两个大孩子去听音乐剧。演出 21 点开始，半夜结束。他们知道纪尧姆还太小，不懂得欣赏音乐剧，而且也没法熬到那么晚，于是请了一个保姆照看他，这样他们就可以安心地出门。但是，就在他们要出发时，纪尧姆却发起脾气来。他们应该怎么做，是让步还是发火？最终，纪尧姆的父母向愤怒的孩子低头，带上他一起去听音乐剧。结果演出刚开始 5 分钟，小男孩就在妈妈腿上睡着了，而他的妈妈整场演出都在座位上不敢动，担心他会醒来。纪尧姆没能享受到音乐剧，他的妈妈也只收获了腰痛，后悔当初没有保持足够的清醒，后悔自己意志不够坚定。

睡觉，正如许多其他事情一样，反映出儿童和青少年的教育问题。没有任何两个孩子是相同的。孩子各有各的天性、个性、愿望和恐惧。在现实中或者哪怕是在想象中，抱着宝宝对他一遍遍重复同样的内容会让家长感到厌烦，处于青春期的孩子更会让家长忍无可忍、心生厌倦。因此，家长应该对自己结合了爱、理性与逻辑的做法有信心。孩子可能会因为冲动陷入危险，家长则会想方设法保护孩子，但是如果家长对自己的清醒认知和威信产生怀疑，亲子双方都有可能付出相应的代价。

第 4 章

你是否想过把孩子丢给别人？

父母会抛弃自己的孩子吗？如果你听到这样的新闻，一定会感到愤怒。但是想想自己是否也有过一丝丝这样的念头呢？当然，单纯想想和真的动手做是两回事，偶尔这样想，也是很正常的，但是为什么会这样呢？

动来动去，一刻不停

孩子大多好动，有些孩子比别的孩子更活跃。一般说来，男孩比女孩更活泼，但也并非绝对如此。儿童对于运动机能的掌控，以及通过语言（先是词语，后是句子）来表达自我需求的欲望，都是逐步形成的。

一位爸爸给 20 个月大的小女儿唱儿歌："有一艘小船，一艘从……从……从未航行过的小船……”她满脸高兴，面带微笑，转过头向周围的人传递她的喜悦。一曲结束，她会说“……来，……来”，显然她想让爸爸“再来一曲”。如果爸爸不满足她的要求，她就会在椅子上躁动不安。

孩子长大后会怎样？他们仍然会通过多动来表达感受。

多动症！

5 岁的马丁非常兴奋，因为他即将第一次乘飞机，和妈妈一起去外祖父母家住几天。候机室里有很多人，马丁的妈妈克洛伊很难控制住兴奋的孩子：他在过道里跑来跑去，穿梭于许多旅客的行李箱之间。好几次他溜出克洛伊的视线，她只好也跟在后面跑，把他找回来。然而，妈妈这样做只会让他觉得有趣，于是变得更加兴奋。马丁惹恼了几位旁边的旅客，但是他们只是冷眼旁观。克洛伊当着他们的面，一遍又一遍地教训马丁：“老实点儿！”“快回来！”“别跑了！”“快坐下！”“消停一会儿！”“你会弄伤自己的！” “看，你打扰到大家了！”但是，说什么都没有用。对于在场的其他人来说，候机室不是游乐场，然而马丁却自得其乐。当他发现一个年龄相仿的“临时小伙伴”时，情况就更糟糕了。看样子马丁和这位碰巧遇到的小伙伴并不打算理会克洛伊的话。克洛伊的邻座也许是想让这位束手无策的妈妈放松一下，他用幽默的语气问道：“需要我叫警察吗？”克洛伊没有心情开玩笑，她半是恼怒、半是求助地说：“说不定他会听你的。”这位陌生的旅客叫住马丁：“过来坐下，如果你不坐下，飞机就不能起飞，这里的所有人都会不高兴，你肯定也会不开心。”出乎意料的是，马丁仔细看看那个男人、自己的妈妈和窗外的飞机，然后坐了下来。也许其他旅客早就应该出面制止，好在马丁已经平静下来。克洛伊对给男子带来不便深表歉意。她当着儿子的面又补充说：“您知道的，在这个年龄段，孩子从不听家长的话。”一位孤身一人、不堪重负的母亲和一位扮演父亲角色的邻座，接下来的故事我就无从知晓了。总之，这个故事诠释了一些富有成效的教育建议。

与过去相比，我们发现，现在的孩子活泼机灵，好奇心强，但非常好动，有时甚至是躁动不安。一种被称为“注意缺陷多动障碍”的症状流行开来。在美国，许多儿童被给予药物治疗。好在法国对这一药物的处方监管比较严格。

我们不应该混淆普通的好动与真正的多动障碍。确实存在患有这一障碍的孩子，他们需要专家的帮助。患儿会表现出几乎持续不断的躁动不安，完全不受自己控制。他们让父母和周围的人疲惫不堪。对这种病症置之不理是错误的，如不加以治疗，患儿可能因此建立起负面的自我形象。医生和心理学家发现，当患儿年岁稍长，他们可能会严重缺乏自尊，青春期时也更容易对某种东西上瘾。尽管药物治疗能够通过限制孩子的躁动和冲动，从而使其更好地适应家庭、学校和社会环境，但是治疗这种疾病也需要对孩子和父母进行心理干预。对于父母来说，通常是与面临同样困难的其他人一道，以团体形式获得帮助。他们分享经历和经验，不相互评判，而是相互帮助。

然而，在绝大多数情况下，孩子们并非患有多动障碍，而只是感到无聊，或是在新环境中有些紧张，抑或是当时的游戏或场景让他们兴奋异常。

克洛伊对儿子的爱使她不愿意看到马丁不开心，她不想生硬地命令马丁冷静下来。她明白儿子第一次坐飞机很高兴，而且他非常爱外祖父母。她不想让儿子难过。但是这个时候，爱是无法让孩子平静下来的。

如果这时候遵循一下理性原则，克洛伊就能意识到，马丁的兴奋毫无必要，他打扰到了其他旅客。克洛伊完全可以不费力气就让他在身旁坐下。而逻辑可以让她明白，劝说儿子安静下来的话都是没有用的。她没有意识到这一点，于是所说的话自相矛盾：一面要求 5 岁的儿子安静下来；一面又对邻座说，所有这个年纪的孩子在这种情况下都会有这样的表现。

我们可以认为，邻座的劝说有效，是因为相较于一位母亲而言，他更加中立；也因为他懂得如何将爱、理性和逻辑结合起来，也就是说保持一定的距离，寻找更有说服力的理由（对小男孩来说，这比妈妈流于形式的禁令更有效）。懂得如何摒除情感因素，让自己的话能够被理解，保持一定的距离以便找到更有说服力的论据，这些方法不仅可以用于游说一个团体（即使他们起初不赞成您的要求或建议），也可以用来应对小孩子。

拒绝做功课的孩子

学校是孩子的第二生活场所。孩子要在学校里学习、尊重权威、动脑思考、参与集体生活等，总之规矩繁复严格。作为成年人和家长，我们常常忽视甚至已经忘记以上绝大部分内容。我们关心的主要是如何让孩子受到良好教育，甚至让他爱上学习。看到孩子喜欢读书、做数学题，家长是多么开心啊！强迫一个不愿意学习的孩子做功课又是多么痛苦啊！儿童在生活中面临的基本问题之一，就是这样一个看似简单的选择：玩耍还是学习？如何解决这个难题？以后他会发现这是一个情感与义务的冲突——比起玩耍或看电视，哪个孩子会兴高采烈地选择学习呢？

那么，孩子为什么要学习呢？在小的时候，学习首先是为了取悦您，其次也是因为您要求他这样做。等孩子长大些，学习就是因为“事情本就如此，人人都得上学”“得到夸奖感觉很棒”“克服恐惧让人感到自豪”“学习别人不知道的东西，然后就可以再去教别人”。形势往好的方向转变了！等他们再长大些，更懂事一些，就会明白，他们必须学习，这样才能找到一份好工作进而赚到钱，才能在生活中取得“成功”。

问题在于，有些儿童和青少年根本就不喜欢上学，这常常是因为他们在学习之初就遇到了困难。

爱、理性和逻辑让我们能够因材施教、解决困难，避免简单粗暴地指责孩子懒惰（这么说没有效果，而且适得其反）。

孩子遇到的困难有四类：

- **学习障碍：这并不是孩子努力与否的问题。比如，有些孩子患有阅读障碍、拼写障碍或运动障碍。**
- **情感障碍：表现为不成熟、压抑或严重缺乏自信。**
- **人际关系障碍：孩子反对被约束，反抗权威，拒绝努力，总之就是拒绝去做父母或老师要求他们做的那些事。**
- **学习适应障碍：学生在某一阶段发现自己落后，或是觉得老师不够理解自己，之后便很难赶上学习进度，难以适应学校生活和教育体系。**

最后，我还注意到，有些青少年会遇到一种特殊的困难。这些男孩女孩在小学甚至初中一开始时成绩都还不错，因为他们天生具有很强的记忆力和理解力。但其实他们从来没有认真学习过，也没有为任何一门课程付出过努力。而到了初二、初三或者高中，学好课程不仅需要一点天资，还需要勤奋。于是他们很容易就会气馁，家长也会大为震惊。

毋庸置疑，家长出于爱，理所当然地认为孩子只是没有发挥出自己的能力。逻辑告诉我们，解决这一问题的办法并不是亲自或找人给孩子直接补习课程内容，而是教会他们自己安排计划、用功学习。理性也告诉我们，应该让孩子从小就明白，生活不仅仅依靠那些轻而易举获得的知识，还需要勤奋和努力。

孩子在阅读、写作或计算方面遇到困难

大概 10% 的法国年轻人没有充分掌握阅读、写作和计算这三种基本技能。孩子在 5 ~ 8 岁会逐渐掌握这些技能，这期间需要不断进行刻苦的练习。家长可能倾向于认为，这些技能应该在学校里习得。但事实上，孩子习得这些技能不仅依靠学校，还要依靠父母。如果要求一个适龄的孩子阅读、写作、计算，他却哭起来，父母经常会本能或直观地认为，孩子持一种反抗和拒绝的态度，所以不愿意学习；或者认为孩子虽然努力，但似乎力不从心。家长也应该明白，每个孩子掌握这些技能的速度并不一样。哥哥姐姐 5 岁的时候就会读书，并不意味着弟弟妹妹也会如此。

阅读能力溯源

让我们先谈谈阅读能力的习得吧。孩子在 5 ~ 7 岁逐渐获得这项技能。有些孩子上幼儿园时就已经会阅读，大部分孩子从一年级开始阅读，有些孩子要等到二年级才能真正学会阅读。家长需要

学会区分孩子的阅读能力是否正常，并且要有一定的阅读品味。

阅读能力取决于人的大脑功能。通过使用多种功能成像技术，皮蒂埃－萨伯特医院（属法国巴黎公立医院集团）的一个多学科小组研究证实，大脑左侧颞叶的某个区域对阅读至关重要。在学习阅读期间，为了适应新的技能，孩子的视觉系统会产生相应的变化。得益于医学成像技术的发展以及对观察对象阅读时大脑活动的记录，现在人们知道，这种视觉识别激活了位于左侧颞叶下方靠近枕叶的一块大脑区域。为了执行阅读任务，在短短零点几秒的时间内，该区域的大量神经元会活跃起来。然而，从物种进化的角度讲，阅读是一项非常新的文化技能（只有5000年的历史），我们出生时与5万年前不识字的祖先有着同样的大脑。然而，成年后，大多数人的阅读量有可能超过1亿字，这足以使我们成为专业级读者。因而，阅读这项新近出现的文化技能，正是由于童年时期学习阅读的经历，才在我们的大脑中被开发出来。

这些科学知识对父母来说非常有意义。原本他们在孩子学习阅读有困难时，会带着先入为主的观念，主观上指责孩子懒惰或不上心，孩子可能也会因此感受不到父母的爱。如果父母具备一定的科学知识，就可以尽量避免上述情况的发生。除此之外，科学知识还能让我们运用理性和逻辑，采取语言疗法，提高孩子的阅读能力。事实上，这一问题现在已经被大众熟知，这一障碍被称为“阅读障碍症”。阅读障碍症是一种有关读写的语言障碍，患有这一障碍的儿童智力正常，并无任何特殊的情感或心理障碍。

他们可以很容易就记住用口头表达的文本，但却很难识别、记住书面文字。他们常常不辨方向、不分左右。有些迹象也许早在孩子两三岁的时候就显现出来：口吃、说话晚、在口头表达中出现音节倒置问题，这一问题未来也可能出现在孩子的书写中。反过来，当孩子患上阅读障碍症，往往会有明显的拼写障碍，即医学上所说的“拼写困难”。虽然大多数患阅读障碍症的儿童久而久之都会克服障碍，但是并非所有患儿都能学会如何克服困难。

如果我们不正视孩子的这些障碍，他们可能会觉得被人看不起，感到更加不幸。对于他们而言，父母的爱、理性和逻辑至关重要。为了让孩子感受阅读的乐趣，家长可以和他们一起读书，大声朗读当天的课程内容，尽可能唤起听觉记忆，因为这些孩子的听觉记忆要比视觉记忆强得多。如果孩子玩了一个小时电子游戏，此时最好不要让他去阅读，因为电子游戏已经用数百万像素填满了他的大脑，大脑已没有足够的空间供想象力驰骋。我们又一次发现，把对孩子的爱、理性与逻辑结合起来是多么有用。

协调困难、运用障碍

孩子学习计算比学习读写要晚，他们有时会出现数学逻辑推理方面的问题。我们同样需要分清暂时性的学习困难和真正的计算障碍，区分两者与辨别阅读障碍一样重要。有些孩子越来越难以跟上课程进度，却直到中学才被发现患有计算障碍。

除了与读写相关的障碍以及计算和数学逻辑推理障碍之外，一些儿童也可能会遇到第三种障碍：他们在做一些自主动作时表现得非常笨拙，例如穿衣服、梳头发、用勺子吃饭或者拿起一只杯子。做这些看似微不足道的日常动作所需的运动组织往往非常复杂，远远超出我们的想象。当症状很严重时，孩子就会被诊断为患有运用障碍（失用症）。患运用障碍的儿童缺乏自主运动能力或视觉协调能力。他们虽智力正常，但难以辨识充斥着视觉信息和文字内容的教材和资料。面对过量信息，这些孩子很难找到头绪。他们还经常摔跟头，很容易从自行车上摔下来，常常打翻手里的东西。为帮助这些孩子的家长，法国政府成立了“玛侬的梦幻书包”协会，为患有学习障碍尤其是运用障碍的小学生提供学业支持。

此外，家长需要关心孩子，不让他丧失自信。要充分利用日常生活提供的机会教育孩子，例如，如果孩子患有计算障碍，我们可以让他去买东西，和他一起数零钱。在家里，可以用算盘玩算术游戏，因为孩子很难用头脑想象或者用计算器理解抽象的运算，而算盘可以将计算过程可视化。还有许多电脑游戏融合了计算和数字，寓教于乐。对于有运用障碍的儿童，家长可以从一些简单动作或平衡动作入手，做一些有助于控制身体、协调四肢的游戏。

克服上述不同的学习障碍通常需要康复师的介入，即语言治疗师、心理运动治疗师还有心理康复师。

真正患病的孩子与那些因为不感兴趣而拒绝阅读或计算，以及只是被文字、数字中插入的图画吸引了注意力的孩子完全不同。在过去30年间，随着电视和互联网的发展，这两种情况大大增加。如今，父母更加需要重视孩子阅读能力和计算能力的培养。众所周知，表达、阅读、拼写、计算，这些技能是个人融入社会的基本能力。不仅如此，花大量时间浏览互联网的人大概都会发现，阅读一本传统的口袋书更能让大脑得到放松。有科学家近日指出，看电子屏幕时，视觉信息的处理时间会增加30%以上，因为符号的形状和颜色更加复杂多变，需要人投入更多的注意力，所以更容易感到疲劳。

情感障碍是一种信号

反对、抗拒、挑衅，往往隐含着孩子的求助信号。有些孩子遇到的困难不属于上述几种学习障碍，但又远远超过普通的反对、抗拒和挑衅。这时，家长应该探寻产生抗拒心理的情感原因，必要时求助心理医生。

正如不应将阅读或计算方面的小困难与真正的阅读或计算障碍混为一谈，我们也不应混淆暂时的厌学情绪与真正的心理及情感障碍，即术语所称的“学校恐惧症”。这一疾病可能出现在5～7岁的小孩子身上，也会出现在拒绝上学的大孩子或青少年身上。他们即使去上学，也会在进入教室前半路折返。如果我们强迫这些孩子去上学，他们只会用强烈的焦虑或恐慌情绪表现出抗拒，却无法合理解释自己的行为。这种抗拒心理往往与行为障碍有关，这些孩子往往在家里专横、易怒、好斗，在外人面前则顺从、胆怯、封闭。很多时候，这些儿童和青少年情绪低落，对一切都不感兴趣，他们的症状可能与抑郁症有关。如果孩子出现这种状况，就需要咨询专家。

第 5 章

你是否想过给孩子一顿“胖揍”？

即便是最慈爱的父母，也可能在某个时刻产生过揍小孩的冲动。通常是因为父母期待建立融洽平和的关系，而孩子的抵触总是导致事与愿违。面对一个总是叛逆、发脾气或不诚实的孩子，你应该怎样做？如何在爱意不减的情况下直面困难时刻并解决困难？

叛逆的孩子

“孩子是天生的反叛者。”每位家长大概都能轻松领会西蒙娜·德·波伏娃的这句话。反叛者在书本中是一个英勇的形象，但在日常生活中就另当别论了。

儒勒是一个 20 个月大的小男孩，他刚刚会说几个词，如“妈妈”“爸爸”“娃娃”。对于爸爸妈妈的指令，他总是回答“不”。为了逗他玩，他父母对他说“你是个小傻瓜”，儒勒回答说“不”，父母又说“你很聪明”，他还是说“不”。这个小游戏让儒勒的爸爸妈妈大笑不止。或许他们都没有意识到，自己刚刚证实了孩子的反抗并不一定代表拒绝，它常常只是一种确立自我的方式：我不再是你们认为的小宝宝了，我也是有思想的，不会再依赖你们。

孩子身上普遍存在叛逆现象，这并不是一种疾病，只是正常成长发展过程中的一部分。孩子的叛逆与安静温顺会交替出现。父母有时也会感慨：“这孩子可爱的时候是真可爱。”

孩子出生时，如同普天之下所有父母一样，您梦想着只要自己给孩子全部的爱，他就会积极回应您的要求，一切都会顺利进行，不会有矛盾冲突。您也意识到这种想法不切实际，但是仍然对其抱有幻想。您甚至也明白（只是理论上明白），冲突往往能够刺激孩子学会思考和表达，对孩子的成长有益。但是，当他还是婴儿的时候，就已经学会拒绝握住为他准备的奶瓶了。从一岁半开始，他就会跑去您明令禁止的、危险的地方。到了两岁，他会对一切说“不”，毫无缘由地反抗。当他长大一些，送他去上学后，您也并不是每天都省心省力，更不用说青春期了，甚至在青春期的叛逆到来之前，您就已经开始担忧了。

美国精神病学专家艾丽西亚·利伯曼指出，一天当中，处于家庭环境中的学龄前儿童，平均每小时会反抗三次。人们还发现，孩子越小，小冲突就越多；孩子越大，冲突就越升级。亲爱的家长们，请拒绝只会空谈教育的理论家们！现实生活中为人父母真的是相当不容易。

叛逆在儿童身上十分常见，家长们不胜其烦。了解叛逆的特点对父母大有裨益。

• 孩子时常的叛逆是不可避免的。正如吉赛尔·乔治在一本精彩的书中所写的那样，叛逆非常普遍，文学、漫画或电影经常以此为主题：从《漂亮的小魔鬼》到《四百击》，从《小尼古拉》到《纽扣战争》，从《木偶奇遇记》到《放牛班的春天》，故事、图画幽默诙谐地向孩子和家长展现了儿童和青少年天性中的叛逆。

• 叛逆是必要的。孩子只有通过时不时的叛逆才能成长、确立自我、感受到责任和自立。我们不禁联想起儿童精神分析专家唐纳德·温尼科特的名言：“成长是一种侵略行为。”

• 叛逆的表达方式因年龄、性别和性格不同而异。

• 叛逆有时可以预见，有时在意料之外。它可能在父母有所准备的情况下发生，这时家长可以从容应对；也可能令人措手不及，这时父母需要保持冷静，自我克制。

• 叛逆的含义并不是一成不变的：它可能意味着确立自我的需要，也可能意味着一种挑衅，还可能意味着对事物持不同看法，因为父母不一定与孩子观点一致。有时，叛逆也可能预示着一场冲突。

- 青少年的叛逆其实是青春期正常成长危机的一部分。为了确立自我、定义自我、感受自我的存在，青少年需要叛逆。青少年的叛逆可能扰乱家庭生活，让父母经受严峻的考验，但是请您不要因此就认为自己是个糟糕的家长或认为孩子是个坏蛋。要学会容忍一定程度的叛逆，同时简单明了地告诉孩子您的期望。要跟孩子定下一些具体的规矩，如果孩子没有遵守，就要做出调整。如今，这一建议尤其适用于管理孩子使用现代通信工具，例如手机和互联网。

通常，面对比平时更严重的叛逆，作为细心周到的家长，您应该已经尝试了几种策略，找到了解决办法，如剥夺他们玩游戏或看电视的权利，惩罚他们，承诺如果他们改正就能获得一份礼物。这些策略的效果大多适得其反，孩子只会更加叛逆。作为最后的手段，您掂量着轻重打了孩子耳光或屁股。您听取了祖辈、朋友甚至专业人士的建议："您家这个'小皇帝'，得给他制定一些规矩，好好管教才行。"尝试这些办法有时会取得成功，有时则不起作用。

如何应对孩子的叛逆

考虑到所有这些因素，我们该如何用爱、理性与逻辑应对孩子的叛逆呢？

无论是婴幼儿、儿童还是青少年，孩子总是时不时地需要叛逆一下。爱确保每个父母都能理解这一点，因为我们小时候也有这样的需要，现在忆及过去，有时还会忍俊不禁。这让我们明白，孩子叛逆并不意味着他不爱我们，相反，如果孩子的叛逆态度并非习惯性的或者无缘无故的，我们可以通过让步来表达我们的爱。

理性的做法是尽量确保孩子的叛逆不会全面转变成孩子和家长之间的战斗。斗来斗去只会令人疲惫不堪、两败俱伤，如此一来，亲子之间也会持续剑拔弩张，互相失去信任，彼此之间的爱也会很快消耗殆尽。您应该学会避免说出下面这些话："这事没得商量！""你只能这样做！"或者"我说了算！"如果孩子是故意挑衅，又或者叛逆的后果会给孩子带来危险，理性会提醒您，必须明确、坚定、心无愧疚地制止孩子。

逻辑告诉我们，养育孩子就必须接受这样一个事实：孩子可能对我们的教育要求表示反对，但是我们仍有必要尽早教育他们，并且口头反对比肢体冲突要好。待孩子稍大一些，可以告诉他们：如果想让家长听到反对的意见，就必须心平气和地讨论，而不是激烈地争论。

人人都知道，叛逆与缺乏沟通息息相关。

面对儿童或青少年的叛逆态度，我们需要避免以下两种反应。

首先，不要说出破坏或贬低孩子形象的话，如"任何人你都不放在眼里""你总是做这些蠢事""你就是个傻子"等等。尽管年幼的孩子还不知道应该如何反驳，但是辱骂也不会帮助他们做出改变。大孩子和青少年则会用暴力的语言以牙还牙，导致冲突就此升级。

一位父亲因13岁的儿子没有把自行车放好，就发火说："说什么都不长记性，你就是个笨蛋。"男孩立马还嘴："我就这样，你骂我也没有用。"令我感到惊讶的是，小男孩的回答竟然如此坚定。我想，尽管这位父亲是一时被愤怒冲昏了头脑，但是他的言语给父子间的关系留下了不小的裂痕。

直接批评儿童或青少年往往会适得其反，因为那样做会伤害他们的自尊，导致他们更不愿意配合。

此外，批评孩子的时候应该避免把话说得过于绝对，如"你总有理由不写作业"或"你就没整理过你的东西"。乔治也谈到了这一问题：如此一来，孩子很容易跟您争论不休，因为聪明的他会反驳，有时候东西是放好了的，有时候作业是完成了的。我的建议是，在质问孩子的时候，您应该将关注点聚焦在眼下具体的不当之处。

在双方对立的情况下，良好的沟通技巧包括尽可能平和地向孩子解释您的观点，立场坚定但并不咄咄逼人，尽量避免发生冲突，不要忘记表扬孩子做得好的地方。

如果孩子的叛逆十分严重、不可控制且常常出乎意料，那就意味着孩子正在遭受痛苦。心理学家和儿童精神病科医生熟知一种儿童行为障碍，即“对立违抗性障碍”。患有这种障碍的孩子会比同龄人更频繁地表现出不同程度的叛逆、挑衅或敌对行为。

如果观察到孩子有以下症状，家长应该考虑咨询医生：

——经常发脾气。

——经常质疑大人说的话。

——经常强烈反对或拒绝遵守大人的要求或规则。

——经常故意惹恼别人。

——犯下过错或行为不当时，常常推卸责任。

——很容易被惹怒。

——经常发火，心怀不满。

——总是表现得很刻薄，报复心强。

——行为明显对家庭、学校和社会产生了不好的影响。

家长只要明确孩子的叛逆行为是一种必然，且能在其出现时放平心态，就可以更加理性、合理地解决问题，而不必因为缺乏爱的表达感到内疚。

经常发怒的孩子

愤怒会给孩子带来痛苦，如果频繁发怒，孩子更会苦不堪言。婴儿一哭喊，父母就本能地明白孩子在表达某种需求。由于还不会说话，婴儿除了啼哭没有其他表达需求的方式。但是在已经会说话的孩子身上，发脾气具有完全不同的意义：这表明孩子无法平静地用语言表达他想要什么，或者有什么让他感到不快、苦恼、沮丧或气恼。“跟我说说你想要什么？”父母怀着关切的心情，想要了解孩子身上发生了什么事情。但这并不意味着父母必须满足要求，屈从于孩子的任性。

孩子在成长过程中的某些时期更容易叛逆，愤怒作为叛逆的一种表现形式，也会在某些时期表现得更为突出。尽管还比较笨拙，2 ~ 5 岁的孩子已会主动表达需求，以确立自己的地位、引起注意。通过发脾气，他能够测试周围人的反应，试探出行为的界限，尽管他自己并没有意识到这层目的。他对自己还没有足够的信心，语言水平也并不足以“更明智地”表达自己。8 ~ 12 岁的孩子，或者用今天的话来说，即将进入青春期的孩子，正在经历这样一个时期——父母希望他更加懂事，有时忘记他还是一个孩子。等孩子长成青少年，愤怒再次成为一种确立自我的表达方式。尤其是在青春期早期，这种表达方式常常与语言表达困难同时出现，孩子只吐出一些简短的句子和拟声词，运用语言对他来说很困难，这让事情更加糟糕。孩子要么在父母面前保持沉默、一脸敌意，而父母只能一遍遍劝他：“说句话啊！你不说话我们怎么知道你在想什么？”要么摔门冲出房间，粗暴地乱扔自己的物品来发泄，甚至可能威胁父母说自己已经长大，已经非常强壮了。

我们也不能忽略，的确有些人从小就具有易怒的特质。这当然与遗传有关，但在很大程度上也受教育环境的影响，家长必须尽早考虑到这一点。

是爱，推动家长去了解让孩子如此愤怒的原因，寻找愤怒的导火索，并摸索让孩子平息怒气的方法。显然，这份关切和付出，除了父母的爱无以为继。

理性告诉我们，愤怒是没有用的，靠愤怒解决不了问题，只会让事情变得更糟。

从逻辑上说，愤怒会引发更大的愤怒，这就很好地解释了为什么两方之间挑起争端比结束争端更容易。争端越激烈，双方的损失就越大。之所以要给孩子的愤怒按下暂停键，让他回房间平复一下，或者效仿过去的老师让他去面壁思过，是因为这样可以保持冷静。在青春期，面对愤怒最有效的办法是把问题暂时放在一边，避免冲突升级，但这并不意味着我们就能逃避问题。

父母可以借鉴专业人士的方法帮助孩子管理愤怒的情绪：

- 教会孩子把情绪与具体发生的事情联系起来。这样能够帮助他避免将坏情绪泛化到其他的场景中去。当孩子发脾气时，与其说“不要总是这样发脾气”，不如说“你经常因为找不到玩具而生气”。

• 帮助孩子建立良好的自我形象，让他感到自己是负面和正面情绪的掌控者。比如，在游乐场玩旋转木马时，木马的数量有限，没有马骑的孩子会愤怒不已，我们可以提醒他：抓着米老鼠的尾巴转几圈多有意思啊，丝毫也不比骑在木马上逊色。

• 给孩子讲一件您小时候发生的类似事件。这样做也许能够达到意想不到的效果：可以避免让孩子在遇到类似情况时再发脾气。您可以向他说明自己小时候的愤怒已经或可能产生的不良后果。

不诚实的孩子

人们有时会被孩子的谎话逗乐。但是，频繁说谎的小孩有时也会将人激怒。

扭曲事实

12 岁的热雷米放学回到家中。他父母现在允许他和两个同学坐地铁回家。他有时会干些蠢事，但总的说来还是很理智的。再者，从学校到他们家只有两站，他父母很放心。这一次，热雷米放学回来得很晚。他妈妈非常担心，于是问道：“发生了什么事？”热雷米一开始表现得很是为难，回答说地铁晚点了。妈妈觉得他没有说实话，坚持要问个明白，口气强硬地对儿子说：“告诉我发生了什么。”热雷米只好告诉她，自己找不到地铁票，情急之下跃过闸机，一名检票员发现了他，问他是谁，并检查了他一直带在身上的身份证件。检票员跟他说要告知家长，热雷米哭了起来。检票员很是同情他，于是相信了他是第一次做出这样的行为，并且让他以后不要再犯。从热雷米讲述故事的方式来看，妈妈对这个版本表示怀疑。她猜想他应该是和两个同学一起跃过了闸机，或者说，他跃过闸机并不是因为丢了票，而是为了在同学面前显摆。每当热雷米觉得自己犯错了，就会倾向于扭曲事实，泰然自若地将诚实抛到一边。

不诚实与真正的撒谎不同，因为我们并没有隐瞒事实，只是否认了自己的责任。不诚实是一种有意识的行为，是对真相的虚拟构建：虽然对事实进行了一些加工，但我说的基本上是实话。不诚实掩盖的是不想为错误、愚蠢和过失负责的心理。不诚实的人在渴望被信任与害怕被揭穿之间摇摆。不完全讲实话是一种防御策略，可以将罪责转嫁他人，或者归因于倒霉——“票丢了”。以上的这些表述方式接近于撒谎，但还算不上有意的欺骗，倒不如说是一种辩论的艺术。优秀的政治家有时将实话藏半截，而平庸的政治家往往以说谎来掩饰。这表明，即便是像政治家这样声名并重的人物，有时也会像孩子一样，采取此种说话策略。各个年龄段的人都会表现出不诚实的一面，他们害怕自己因为犯错不被人喜欢。

从幼儿期开始，甚至一直到青春期，不诚实更多是一种与人交往中的心理游戏，而不是真正的对现实的否认。孩子在 3 ~ 7 岁时常常会有不诚实的表现，因为在这一时期，他在父母的爱中建立起自我形象，不诚实让孩子能够避免感到被否定，能够彰显自己的观点。同时，孩子又暗中希望父母不要相信自己。

父母有时可能会对孩子不诚实的行为微微一笑，甚至小小地取笑孩子：“你不觉得你反应过度了吗……你太夸张了吧！”当然，如果不诚实成为一种习惯，或者孩子通过不诚实不断表现出挑衅的一面，家长可能被气得想让这个小骗子另寻父母。

爱让家长能够接受孩子有时不诚实的行为，并冷静而又坚定地告诉他：自己并不怪他，但是他最好能说出实情。

当孩子不诚实的行为成为一种习惯，就像热雷米的妈妈遇到的情况那样，理性告诉我们，我们应该及时纠错。

从逻辑上讲，不诚实的行为让我们生气、愤怒。面对像热雷米这样的孩子，我们必须讲明自己并没有被愚弄，同时巧妙、幽默地维护孩子的形象。

第6章

你是否曾经焦虑过？

孩子们遇到的某些困难或多或少只是暂时性的困难，但这种一时的困难经常会引发一些父母的过度焦虑。他们往往对此固执己见。在我看来，这样的想法是错误的。我的观点如下：

- 如果你爱自己的孩子，那么因发生某些情况而担忧和焦虑其实是正常的。
- 有些家长会更焦虑一些，我个人在职业生涯中遇到过很多这样的家长。孩子遇到困难，他们便会焦虑不安，其实大可不必。

当宝宝痛苦地哭喊

妈妈会凭直觉感受到宝宝遭受的痛苦。因此，她们完全有理由相信自己的直觉，这是母爱的体现。理性也会帮助妈妈察觉宝宝的情况。最开始的查看通常是本能的反应：摸摸宝宝的肚子，看看他有没有因此更大声地哭叫；量量宝宝的体温，看看他是否起了疹子；另外，也应该检查一下宝宝是否从摇篮里摔了出来，或者四肢有没有卡在婴儿床的栏杆之间。

如果有疑问，符合逻辑的做法是马上咨询医生。父母也不应忘记，婴儿的躯体表现是他们自我表达的主要方式，婴儿肠绞痛就是一大例证。肠绞痛会带来明显的痛感，也被称为“愤怒性痉挛”。肠绞痛的婴儿会哭闹、尖叫、呼吸困难，甚至失去意识。宝宝因痛苦蜷缩着，这一场景牵动着大人的心，让人联想到婴儿被遗弃的反应。心理因素是引发婴儿肠绞痛的重要原因。例如，我们发现，幼儿园发生人员变动时，孩子往往会出现肠绞痛症状。愤怒性痉挛通常发生在入学的下半年，孩子借此建立起一种力量关系，反抗和抵制所有难以忍受的限制和失意。

很多时候，愤怒性痉挛只由某个特定的人触发，这个人与孩子的关系往往十分紧密。孩子很早就多多少少有意识地与成人建立起了一种力量关系，以满足自己的愿望。父母的爱能够让他明白，这种力量关系是确立自我的一种表现。如果孩子认为自己无所不能，毫不考虑对方，父母便可以运用逻辑，限制这种力量关系产生的影响。

不寻常的悲伤

没有哪个家长愿意看到自己的孩子伤心难过。当孩子因为必须跟父母暂时分离而眼泪汪汪，哪个父母不为此揪心？当孩子因为自己的伙伴更喜欢另一个朋友而备受煎熬，哪个父母不感同身受？然而，在上述情况中，孩子的悲伤都事出有因，家长能够预料、能够把握。如果孩子在没有具体缘由的情况下悲伤、不舒服、烦躁，那就需要另当别论了。家长不仅会因为孩子的悲伤而悲伤，还会因为不了解孩子悲伤的原因而担忧。虽然令人难以接受，但的确有人证实儿童有患上抑郁症的可能。尽管不如成人抑郁症常见，但是，自 19 世纪中叶以来，人们就知道儿童抑郁症的存在。如今，对儿童和青少年的抑郁状态做出确切诊断仍然困难重重，但情况已经有了较大改善。对于青少年来说，诊断尤为必要，因为在这一阶段自杀风险很高。

爱让父母对儿童倾注更多的关怀。对孩子不要像对成年人那样说出“打起精神来”“你什么都有啦，还不开心吗”“出去玩玩，你会感觉好一些”之类的话。但是，家长有时确实会希望糟糕的时刻能自己过去，这种想法也是可以理解的。

理性的做法是寻找潜在的原因，而要找到原因就需要尽可能单纯地倾听孩子、与孩子沟通。

逻辑常常会让父母感到内疚，而唯独这次，把它与爱和理性联系起来是不可取的。按理说，一个正常的爱孩子的父母应该为没能让孩子快乐而感到自责。但是，除了父母的态度之外，孩子的悲伤可能有许多其他原因。有些孩子可能因为没有让父母开心而难过，如果父母感到内疚，孩子会更加难过。我遇到上述情况的次数比我想象的要多很多。

如果不能确定是什么原因导致孩子出现这种不寻常的悲伤，逻辑上讲，父母应该去咨询专家。

学业困难的孩子

我们在前文提到，当一个孩子执拗地拒绝学习时，家长可能会产生把他丢给别人的冲动，但是，这里我们要讨论另外一种情况。如果学生评价手册表明，孩子表现不佳，有留级的危险，学校告诉您他不够努力，或者他难以融入课堂，又或者他难以集中注意力，您会焦虑是正常的，因为您很想知道应该怎么办。

对孩子的爱让您担心他会因此失去自信，也害怕学业困难会限制他未来的发展。理性会让家长认清事实并去寻找一些显而易见的原因。

首先，很明显，既然有优秀的学生，那么就会有不那么优秀的学生。其次，同样明显的是，每个孩子都会在某个既定领域表现得更有天赋。我们必须承认并重视这一点，表扬孩子取得成功的方面，称赞他在课业以外的能力和兴趣——他的好奇心、他的人文素养、他的观察力、他的课外活动等等。这种鼓励也会在那些他不太喜欢的活动上产生积极影响。最后，孩子的进步不是线性的，所有的学习过程都是由成功和失败组成的。

如果学业困难是最近才有的事，那么小弟弟或小妹妹的出生、搬家和转学、某位敬爱的祖辈去世、父母离异等原因都能够解释孩子出现学业困难的问题。也可能是因为孩子不喜欢某位新来的老师，或者跟同学相处不来。如果是后面这两种情况，家长需要意识到这个问题并与孩子交谈，这样就可以了解更多的情况，以便采取更周全的应对措施。

如果学业困难已成事实，您就应该运用逻辑思维，想想更深层的原因。

逻辑会引导您去思考那些不那么显而易见的原因。您首先想到的应该是如下两类原因，这些原因有时并不单独出现，而是叠加出现：

- 孩子遇到的困难是否与学习障碍或者在学校里的行为障碍有关？

在此之前，我已经提到过阅读、写作、拼写、计算和推理等学习障碍，您可以就这方面继续深入了解。为此，您可以去关注老师的反馈，但是不要从中得出危言耸听的结论。如果有必要，您也可以马上咨询相关领域的专业人士（如言语治疗师、精神运动康复师、心理教育师、心理治疗师）。

- 孩子遇到的困难是否与行为障碍有关？

是否过分腼腆、严重缺乏自信、躁动不安或者总是喜欢扮丑？此时，老师的意见也非常值得关注。

您的孩子是否足够服从命令？在操场上活动时他是否被同学孤立？老师是否注意到您的孩子非常依赖他，或者总是在躲着他？这种行为问题会不会是孩子的性情所致？您会发现，他在家里和在学校的行为举止是一致的。因此，家长有必要让孩子转变态度，最好逐步让孩子意识到自己行为的后果，但是不要让他产生内疚心理。

至于孩子腼腆这一问题，法国散文作家弗朗索瓦·费奈隆于1687年写道："如果可以的话，对于他的腼腆表现，鼓励孩子和您一起开怀大笑。"如果问题还是没能解决，专业人士的帮助对孩子和您自己都会大有助益。但是这种行为问题也可能源于孩子的父母，您或多或少也意识到了这一点。

孩子的问题让您焦虑，这时，您应该避免以下三种下意识的反应：否认或逃避自己可能是孩子问题的来源、把责任全部归咎于其他人、给孩子转学或者送他去寄宿学校。因为这样只会转移问题，甚至让孩子受到更多伤害。相反，即便困难重重，您也要与自己的另一半以及孩子一起直面问题。您会发现孩子的想法可能跟您不同，但是他的感受会给您启发。

青春期危机

“还有比婴儿更难缠的，那就是青少年。”如果孩子正处于青春期危机中，这种玩笑话有助于营造轻松的家庭气氛。它也使我们注意到，在某些方面，青春期与人生最初的三年有些相似之处——情感支配理智，用肢体进行沟通，难以掌握和运用语言，与他人产生强烈的联系与分离焦虑。从婴儿的毛绒玩偶到青少年的手机，从吸吮拇指到享受酒精饮料带来的快感，青春期让我们想到了童年初期。换句话说，如果孩子在人生之初难以确立自我，那么青春期是他确立自主权和身份的“第二次机会”。

如果您家正值青春期的孩子，几个月以来每天都不情愿地去上学，不管什么天气都穿着脏兮兮的T恤和破旧的牛仔裤，拒绝和您讨论一切问题，或者在餐桌上一言不发，一说话就能激怒您，把自己关在房间里，只有放学后或者周末见朋友时才出来，抑或您觉得他处于苦恼状态并为他感到担忧，却找不到任何明显的原因，那么您就可以确定，自己的孩子正遭受青春期危机。

怎样理解青春期的孩子

您为理解孩子所做的努力还远远不够，但也不是毫无用处。您知道，孩子在青春期会第一次意识到他的行动、言语和选择不再取决于他人，而是取决于自己。孩子会产生自己无所不能的感觉，这会给他带来危险。您也明白，青春期是实现各种“第一次”的年纪。青春期是启蒙的年纪、冒险的年纪、尝试的年纪，也是犯错的年纪。青春期也是通过证实一切来打消疑虑的阶段。青春期时，孩子的身心尚未发育成熟，因此也是一个具有无限可能性的阶段。您清楚这一点，也忧心这一点。这一时期也会出现选择和决定的难题：无论是看似微不足道的决定（衣着、外出时间），还是更重要的选择（爱情、学业、职业发展），都可能成为家长和青少年之间紧张关系的来源。您知道，尽管青少年有自己的态度，坚持自己的想法，但是他又可能并不怎么相信自己。他可能隐藏对自己的身体、人际关系以及未来的焦虑，装成泰然自若的样子。最后，您很清楚，他既害怕依赖您，又渴望依赖您，并且实际上远比表现出来的更依赖您。明确独立的需求与承担独立的恐惧平分秋色。

所有这些都可以解释：为什么您家的青少年既自私又慷慨，在对一切问题都有一个明确论断的同时，却对自己的身体、对自己和他人有着深刻的怀疑？为什么他强烈要求自主，却又在日常生活中的寻常小事上征求您的意见？为什么他主张个性，却又追随潮流，或者去融入一个需要遵守条条框框的团体？为什么他全身心渴望肉体关系的同时，又对此抱有强烈恐惧？

“成长本质上是一种攻击性行为。”我们必须努力理解这句话。尽管面对经历危机时期的青少年时，记住这一点并不太容易。

希望与父母分离、与他们保持距离、脱离父母是青春期的一大特征。这种愿望始于青少年的自我征服感以及对父母的失望：青少年将父母“去理想化”的同时，也必须放弃父母的庇护。于是，青少年必须找到其他模范和庇护，他们往往会在家庭外部反复寻找。这样一来，沟通变得更加困难，而且必然会有争执。您对于孩子攻击和对立行为的谅解、处理能力，决定了这些矛盾的走向。如果您或多或少表现出消极处理的态度，那么只会加剧矛盾或者让矛盾继续存在。父母可能因为倦怠或者出于心理以及物质上的个人原因放任不管，但是这样做的风险不容小觑。

我遇到过一些青少年，面对身心俱疲的父母，他们陷入巨大的困境。这意味着，青少年仍然需要父母，只是不希望父母用对待小孩子的方式对待自己。青春期的孩子需要父母，也可能是出于反抗与对立的需要。但是，如果孩子在攻击父母方面过于“成功”，也就是说，孩子的攻击使处于困难时刻的父母陷入崩溃时，孩子也会深感内疚和不安。于是，恶性循环就此形成。

我们会发现，青少年可能前一秒还强烈反抗父母或者我们这些专业人士，下一秒就要求并接受安慰。青少年的行为、思想、感受和情绪在独立的愿望与依恋、依赖的需求这两个相互对立的两极之间左右摇摆，他可能会因此痛苦。在这种情况下，父母的态度同样很重要。

孩子就是在跟父母的针锋相对中逐渐成长为成年人的。这一人生任务对青少年来说很艰难，对父母而言也同样不易。

青春期的核心问题无疑是构建自我认同，以及表现出一致的自我、身份、人格和主体性。为了实现这一点，孩子对父亲和母亲的认同，或父亲对母亲的认同、母亲对父亲的认同，都必须转化为青少年自己内心中的某种复杂但可理解的认同体系，使青少年能够构建自己的身份，并在某一天自己也成为父母。

状况不佳的青少年

青春期最危险的问题应该就是“抑郁倾向”。抑郁倾向往往表现为攻击自己的身体。我们从青少年总是重复一些危险行为就可以看出这一点，此处我们指的是那些驾驶汽车或摩托车、多次发生交通事故的青少年。我们也看到过有些青少年通过自残展现出更为明显的自我攻击倾向。通过这些行为攻击自己似乎非常荒谬，更加荒谬的是，青少年也通过这些行为感觉自己还活着。自我攻击更为明显的一大表现是严重的进食障碍。目前，神经性厌食症和贪食症的患者明显增加。我们可能会遇到令人印象非常深刻的情况：患了厌食症的女孩日渐消瘦，却认为自己没有危险；患了贪食症的女孩病情发作时，会在没有任何快感的情况下狼吞虎咽，接着呕吐出来。当病情过去，她们又会产生羞耻感。这会导致她们重复同样的行为，其成瘾方式与其他类型的成瘾类似。

攻击自我的行为也可能表现为严重的毒瘾或反复尝试自杀。

抑郁倾向也可能表现为思考能力下降，或者更明确一些，学业上的崩溃。在这一点上，青少年的症状很接近于我们在成年人身上发现的症状。他们难以集中思想，难以在学习中获得乐趣，对什么都提不起兴趣，非常疲惫，无法思考。如果发展到极致，这些表现就类似于成年人身上严重的抑郁症状。

抑郁倾向并不能将青春期的所有问题都一一概括，但它无疑是目前许多青少年所特有的、状况不佳的深度表现形式之一。

面对上述行为，家长们心中自然会冒出一个问题：什么时候我应该真正开始担心？我的回答很简单：多种问题叠加并且持续反复出现（超过一学年）时，您必须有所行动。

那么应该怎样应对各种各样的问题？我提出以下三种结合爱、理性与逻辑的处理方式：

• 首先，要坚强，因为青少年的父母有时会备受打击。正如温尼科特所言，“成长本质上是一种攻击性行为”。另外，自由不是他人给予的，而是努力争取来的。因此，青春期里总会有攻击和斗争。成长也是一种斗争行为。面对青少年的成长，父母有时需要坚强，而不是崩溃。青春期的孩子看到父母崩溃会感到十分不幸，当父母因他们崩溃时尤甚。

• 其次，要有自己的生活，因为青少年总是在寻找“认同”。青少年需要最亲近的人（父亲和母亲）作为一个充满生命力的个体尽可能地快乐。我有时会问那些筋疲力尽、忧心忡忡、过分关注孩子的父母：“您自己的生活怎么样？您都会做些什么？”家长必须找到自己的生活空间，这对青少年很重要。有时，青少年会妨碍您的生活，让您只考虑他。所以，您必须保留自己的生活，这样青少年就不会觉得您被他攻击得“只剩下一口气”，而且让他明白，在他的攻击和问题之外，您还有自己的生活……

• 最后，是爱。只有具备了爱的能力，我们的生命才会精彩；只有被爱，我们才可能去爱别人。无论受到青少年的何种攻击，我们必须始终记住，给孩子的爱对他来说至关重要。这会平衡孩子所遭受的攻击，让他能够去爱。

让我们始终怀揣着对孩子的爱，不因完美而焦虑，在允许自己犯错的情况下，依然保持这份爱意。

永远长不大的“巨婴”

根据意大利的官方统计数据，在 18 ~ 39 岁的“年轻人”中，有近 3/4 的人仍然与父母住在一起，他们被称为“巨婴”。在意大利，孩子都非常爱自己的父母，但妈妈们已经对自家的“巨婴”感到厌烦。威尼斯有一对已退休的夫妇特意请来律师，要把他们家中已经 41 岁的儿子赶走，因为父母实在无法忍受他已经成为一个“暴君”。无论在欧洲还是在世界上的其他地方，这一现象都不是个例。

成为父母时，我们从来没有想到孩子会成长得如此之快，也没有想到孩子会一直黏着我们。我们那时以为，“总有一天会分开的”。

然而，这种分离何时发生，又如何发生呢？的确，每当孩子长大，每当他们更加鲜明地确立自我、做出与我们不同的选择时，我们就会逐渐感到与孩子关系的疏远。一位朋友曾对我说，在生活中我们需要面对一些意料之外、毫无准备的情况。她的话有一定道理。

事实上，孩子们所有表现出自主性的小迹象都会触动我们。如果我们爱孩子，又不想阻止他们翱翔，那么看到他们一天天长大而感到一点点心酸，也是再正常不过的。只有那些自私到只顾自己的人才不会有这种感觉。

接下来，当孩子真正踏上自己的人生道路时，真正分离的时刻就到来了。许多父母都担心：他能做出正确的选择吗？他能自力更生、和伴侣一起生活吗？他足够成熟吗？他真的已经度过青春期了吗？父母控制不住地担心，他们有时焦急万分，有时又悲伤不已。在这种时候，爱并不总是能与理性和逻辑协调不悖。有些父母，尤其是母亲，很难接受孩子已经成为成年人，仍然把他当成小孩，对他喋喋不休，这也让他的伴侣特别恼火。我记得有一位 82 岁的母亲，她 56 岁的儿子需要去医院体检，她下意识地说了句："希望他明天记得去看儿科医生。"显然她想说的是"医生"！

那么，结合爱、理性与逻辑，我们应该如何确立从青春期迈进成年的标准呢？达到这一标准的成年人应该彻底摆脱了青春期的问题，拥有爱和工作的能力。

如果我们真的认为有所谓的确定标准，那么如今的社会现实就会向我们提出疑问。比如，我的一位客户朱莉说："我 25 岁，正陷于青春期危机之中。"另一位客户热罗姆也说："我人生的 1/4 都处于青春期危机之中。"成为成年人并不容易！情感成熟度是一个重要的标志。那么，我们应该如何定义"情感成熟度"呢？

在过去的 50 年间，青春期到成年的过渡期逐渐延长，那些最显著的成熟标志也变得越来越模糊，这些事实意味着什么？某些文化会有成年仪式，尽管每种文化对于成年所界定的年龄不同，但总归有一个全社会认同的明确的节点，然而我们的社会中却并不存在这样一个节点。

从某种程度上讲，当下青春期结束的年龄已不再是确定的。

永不结束的青春期

与前辈们相比，如今"巨婴"们身处的社会少了许多条条框框，他们嚷着要自由和自主，但似乎又并不急于结束青春期，正是这一点让他们的父母倍感担忧。

难道说，如今青春期不会结束？生活在一个总是强调灵活应变的社会中，青春期有可能成为一种持续的状态。2000 年，法国精神分析学家托尼·阿纳特雷拉提出一个新的概念：成人青春期。

让我们具体说说。过去，我们一般会认为，进入大学就意味着青春期结束。对现在的中学生来说，情况与过去一样吗？显然，不太一样。有研究表明，接受高等教育的第一年，青少年发生心理障碍的概率很高，因为不管他们期望还是排斥，许多人都必须从家庭的保护中走出来，变得更加独立自主。

过去，青春期结束的另一个标志是开始工作，现在情况还是如此吗？与前一种情况一样，许多年轻人的工作并不稳定，只是签了定期合同或临时合同。

每个人都能意识到，当今社会，步入婚姻生活和进入职业生涯（也就是相爱和工作）已经不再局限于固定的年龄阶段。一项针对 8000 万 15 ～ 29 岁欧洲年轻人的研究表明，他们正在推迟从学习过渡到工作的时间，或者尚未顺利开启职业生涯：1987 年，18 岁的年轻人中有 50% 已经参加工作或者在找工作，而到了 1995 年，只有 41% 处于上述阶段。同样，人们步入婚姻的平均年龄也显著增长：1995 年，男性的平均结婚年龄为 32 岁，女性为 29.6 岁；15 年前，这两个数据分别是 28.4 岁和 26.1 岁。如今，这些重要的人生节点都已进一步推迟。正如米歇尔·德拉吉指出的那样，婚姻生活的形式多种多样：“……除了长期单身的人士或与此相反早早安定下来的夫妇之外……我们也发现一系列中间形式的婚姻生活，使得定义‘夫妻’这个概念都变得相当困难。有些彼此独立的年轻人，他们被认为和自己的男友或女友名义上是一对……有些青年情侣生活在一起，但是他们的关系若即若离……有些情侣与某一方的父母生活在一起，仍然（至少在物质上）依赖着上一代人。”正如这位作者所言，这些情侣是“半独立的”。这些中间形式的、非制度化的伴侣关系是否代表了从童年向成年的过渡？这对青春期的结束意味着什么？

这些明显的社会转变不仅影响着我们与自我、与他人的关系，影响着表面的行为和深层的人格，也影响着大脑和情感生活。

外部的各种现实可能会让父母感到担忧，但也可以让他们正确看待孩子在适应生活过程中遇到的困难，毕竟这些困难可能会产生深深的伤害。另外，外部的现实也可以让他们不再忽视令人头疼的“永恒的青春期”，认真地为走不出青春期的孩子考虑一下未来。

社会的变化是不确定性的来源，也是现代性的标志。为了帮助父母在这些变化中找准方向，我们显然必须考虑到情感生活中的成熟标准以及与自己、与他人关系中的成熟标准。美国精神分析学家威廉·克莱尔·曼宁格提出情感成熟的七个标准，以界定成人身份。这些标准如下：

——积极面对现实的能力。

——应对变化的能力。

——确立边界，能够控制由一时紧张或焦虑引起的行为。

——在给予和接受中能够获得同样的满足感。

——与他人建立稳定牢固关系的能力，能考虑到每个人的满意度和需求。

——升华的能力，即明白如何将自身攻击性的能量或性冲动转向建设性和创造性的活动。

——爱的能力。

可以肯定的是，如果一个人达到这些标准，那么就可以判定他是一个“成功”的成年人。同样，可以肯定的是，如果孩子获得这些能力，父母也可以认为自己的教育是成功的。但是，现在还有哪个成年人敢说自己达到了所有的标准呢？即便是父母也不例外。

有心理学家把进入成年与身份危机的结束等同起来，因为身份危机是青春期的一大特征。经历身份危机的人以不同的方式探索到自己与众不同的身份，在这一过程中确立边界。也就是说，划定一块私人领地，但也保留与他人的关联。现在，相较于人们的认知，身份危机出现的时间其实要晚得多（有人认为发生在35岁左右）。在经历身份危机期间，“我们必须主动探索身份，因为身份不是社会赋予个人的，也不会像标志成熟的生理现象那样自然而然地出现，它需要个人付出艰辛的努力。在青春期，探索身份这项任务更加艰难，因为这一时期，青少年与家庭、与传统的联结逐渐淡化，过去慢慢消逝，现在的社会瞬息万变，未来变得难以预测”。因此，父母需要对自己“成年人的生存状态”表现得足够乐观，以此来鼓励孩子探索身份。“甚至有孩子从父母那里学会什么都不爱。”费奈隆这样写道。

对另外一些人来说，青春期圆满结束的标志是获得“自我理想”，即对生活有计划，能够以乐观的态度面对未来。我们发现，“晚熟的青少年”或“永久的青少年”越来越多，他们往往缺乏“自我理想”，却充满全能的幻想，仿佛他们可以不劳而获。父母完全有理由为这种“孩子”的未来担忧。

时代的产儿

如今，青春期持续的时间无疑比过去更长，这似乎印证了一句非洲谚语：“你是时代的孩子，而非父亲的孩子。”青春期的发展是彻底的、不可逆转的，也蕴藏着巨大的潜能。对于那些经历者、陪伴者或见证者来说，青春期的成长也带来了真正的挑战。而对于身处其中的青少年来说，这一阶段令人不安，但其结束意味着一种解脱、一次征服，会成为永恒的记忆，特别是那些“第一次”。当然，青春期同样也充满遗憾和困难，对一些人而言，他们会在日后生活的各种境遇中忆起青春期的成长困难。让我们给青少年时间，让他们成长为成年人；也给成年人权利，让他们保留一部分青少年的特质，无忧无虑，充满希望。肯塔基大学的神经学教授大卫·斯诺登认为，“充满希望、感到快乐可以让我们活得更久”。父母是青少年度过青春期的陪伴者和见证者，对孩子的未来负有责任，因此偶尔的担心是完全合乎情理的。

第 7 章

你是否经历过真正的幸福时刻？

我们已经看到，为人父母可能会有许多忧虑，甚至有时会感到懊悔。但是，把孩子抱在怀里是多么开心的事情啊！当听到孩子第一次喊您“妈妈”“爸爸”的时候，当看到小男孩或小女孩为您的生日画的第一幅画时，当听到儿子说“你是最有趣的妈妈”，听到女儿说“你是最好的妈妈”时，是多么令人欣慰啊！当听到老师说孩子在课堂上表现得很好时，您是多么自豪啊！当朋友由衷地说“他们好可爱啊”“他们真有教养”时，您又是多么有成就感啊！

您亲手养育的这个年轻的女孩或男孩，本是一个一无所有的小孩子，每一个需求都完全仰仗于您。当孩子渐渐长大，会对您的事业或职业产生兴趣，也为获得文凭或一个实习机会而努力奋斗。当他第一次与朋友外出旅行，能够合理运用您资助的钱。这些特别的时刻，对于父母来说，怎会不是他们生活中最大的安慰呢？哪个父母不曾在某天告诉自己“生活的意义就是尽可能地抚养好孩子”呢？待到有朝一日成为祖父母，生命得到延续，重新找到年轻的感觉和对生活的热爱，他们怎会不为此感到幸福呢？这样一来，此前生命篇章中出现的各种各样的忧虑、艰难和考验，就会逐渐模糊乃至消失，或是被渐渐遗忘。

超越表象：深深地相互依恋

当一个孩子对您微笑、亲吻您、拥抱您、请求您的帮助、聆听您的教导时，您不会怀疑他对您的爱。但是，当他反对您、挑衅您、攻击您甚至侮辱您时，您的信念就会发生严重的动摇，而怀疑孩子是否爱自己。您要是这样想那就错了，其实即使孩子嘴上说憎恨您——正如有些青少年在某些危急时刻说的那样——他也是爱您的。

我本人对父母的感情证实了这一点。与大家一样，不管是否有理有据，我都会对父母发怒，会指责和批评他们。但是在内心深处，特别是在需要父母的时候，我一直爱着他们，我的职业经历让我深信这一点。所有我接待过的叛逆期的儿童和青少年，也许他们的攻击和敌对行为会让父母灰心失望，然而他们在面对治疗师时常常会和盘托出，坦言为自己的态度感到内疚。在矛盾的表象之下，他们内心深处仍然爱着父母。

我在职业生涯中还看到，当父母和孩子之间发生激烈冲突时，孩子或许一开始时会以敌意或者冷漠的态度应对家长的责备，但是如果此时，父母在儿女身上看到了自己过去的影子，为此突然泪流满面，或者谈论起自己境况不好的童年，孩子的态度就会逐渐改变，甚至完全改变。因此，父母不应该总是用大人的思维看问题，也不应该一被激怒就毫不让步地做出判断，完全忘记自己年轻时的样子。有时，即使您拒绝这种心智上的“退化”，也不妨花些时间趴在地毯上，双脚交叉翘起，跟孩子一起玩玩小火车和娃娃。

家长也不要忘记，自己小时候也是这样：喜欢吃薯片，不喜欢吃菠菜，对上学也不总是热情高涨，也会拖到星期天晚上才做作业，不喜欢整理房间，很想随心所欲地穿衣服，不知道做什么的时候会感到无聊透顶，不想去年纪太小的表弟或表妹家，对家里老幺的到来感到非常嫉妒。换位思考并不意味着我们要回到童年，但谁又能否认是孩子让我们老得更慢了呢？

顺着孩子的想法一味地批判父母，是一种错误的思路。意识到这一点后，我才终于明白，尽管孩子有时表面上会与父母产生激烈的冲突，但是心里依然深爱着父母。孩子有时会说父母的坏话，但在内心深处，他讨厌其他人说父母的坏话。如果要为这种情况找到一种合理的解释，那就是孩子潜意识里知道他是父母的骨肉，如果他遇到难题，父母永远都会在背后给予支持，即使在很多情况下，孩子会说一些“我不需要你了”之类的话。除此之外，还可以用一个比较容易理解的心理学观点来解释。孩子会通过模仿他人来发展自我，但是更多时候，他会观察父母的态度、想法和感受(无论是好还是坏),并在无意识中将之转化为自己的态度、想法和感受。

在心理学上，这一过程被称为“认同”。我们的个性就是通过对他人的“认同”塑造出来的。人类的这一心理过程，让我们从出生开始，在整个人生当中都不停地将他人身上吸引我们的优点复制到自己身上（当然也可能将缺点复制过来），尤其当我们找寻自我的时候。我们意图通过复制某种特质而成为那种我们喜爱的、敬佩的人，为之提供参考的就是我们在生活中接触到的活生生的人。婴儿显然会期待父母喂食物给他吃，伴随着食物而来的还有父母愉快的感受。婴儿不仅摄入食物，得到喂养，获得他人所特有的东西，而且在心理层面进行“认同”，认识到喂养他的成年人跟自己是不同的两个个体，并且被这个成年人吸引。儿童的“认同”对象不只有父母，但主要是父母。而青少年则将目光转向同龄人，因此他们的“认同”也更多样化。正是对同龄人的“认同”为他们提供了内在力量，帮助他们建立起自己的身份，给予他们一个稳定的参照，成为他们自我之路的基石。这样的内在力量是非常必要的，会起到保护的作用，让孩子能够应对有时可能经历的焦虑、无序、混乱和迷惑。

“认同”是孩子试图变得更加强大的一种方式。在《丛林故事》中，吉卜林笔下的小主人公狼孩莫格里在遇到危险动物时会喊道：“你和我，我们身上流着同样的血！”莫格里可能害怕身为狼的养父母，但是也钦佩狼的力量，他的行为没有明确表达他的认同，而表露了他下意识的想法。如此，我们就能更好地理解父母和孩子之间的联系、情感交流和爱的牵绊有多么深。我们也能明白，在交流中追求“双赢”的情感关系并不可耻，这也是一个逻辑和理性的问题。为了解释背后的动因，我建议您以一种特别的方式去理解毛绒玩具的作用。毛绒玩具不仅对孩子很重要，对家长也同样重要。

小孩子有毛绒玩具，那家长呢?

为了让孩子在不安的时候得到安慰和快乐，我们塞给孩子毛绒玩具，然后小心翼翼地避免弄丢它。我们如此用心并不是不期待孩子的回应，只是毛绒玩具有效取代了我们的存在，使我们能够过自己的生活。尽管孩子年龄还小，不时任性，但我们也多少下意识地期望从这个小天使那里得到回报。在我们的婚姻生活、职业生活或社会生活中比较困难的时刻，我们需要孩子带来的安慰和快乐。孩子在无意间充当了我们的安抚玩具，因此，不仅仅是孩子需要毛绒玩具，家长也需要。

我们可以举一个例证来支撑这一观点：某国际连锁酒店的调查结果显示，住客每年遗落在该酒店的毛绒玩具高达 75000 个，而且有 1/4 的成年人旅行时会带着自己的毛绒玩具。这些数据令人惊讶。成年人是否穷其一生都在寻找一个能够陪伴自己的玩具呢？它会随着生活的变化而变化。面对不耐烦的恋人、令人失望的成年人、忧心忡忡的父母，我们必须承认，用玩具安抚自己是最有效的办法。如今，不管孩子年纪多大，父母都会不假思索地打理好孩子的玩具，小心翼翼地不把它弄丢，因为如果要安抚焦虑的孩子，毛绒玩具是必不可少的。两岁的孩子感到不安全时，会喊着“娃娃、娃娃”；大一点的孩子上床睡觉前也会嚷着要毛绒玩具；再大一点的孩子会什么都不说就把它放在床上；青少年的房间里会有绒毛熊之类的玩具，这也不必多说。

毛绒玩具作为“过渡性客体”，能够很好地起到安慰作用。有意思的是，孩子的父母也需要一个玩具，或者至少是有相同作用的东西。然而，在家长那里，孩子往往取代了玩具，给予他们安慰。父母会在难过的时候让孩子“过来到怀里抱一抱”。安慰作用在亲子之间是双向的：父母给孩子玩具，让玩具去安慰他；对父母而言，孩子就相当于为他们提供安慰和安抚的“玩具”。

仰慕父母的孩子

孩子身上体现出与父母相同特征的时间，远比我们认为的要早。这时，孩子会迅速把成年人作为比较的对象，并做出价值判断。当孩子能够说清楚话之后，他会满怀幸福地说：“我妈妈最温柔”“我爸爸最厉害”。很快，孩子就会面临竞争：“我妈妈比你妈妈漂亮”“我爸爸更厉害”。

有位妈妈兴高采烈地向朋友讲述了一段趣事。她和丈夫不无幽默地问完哥哥又问 3 岁的弟弟：“那你的爱人是谁？”弟弟毫不犹豫地回答：“妈妈。”

整个童年时期，孩子都会把父母理想化。他们认为家长有才能、有力量、有本领，这让他们感到安心，促使他们服从和尊重家长。这种感情是人类发展的特性，我们不该否定，也不用强化。父母在孩子温柔的拥抱中感知到温情，也感知到孩子的仰慕。

渐渐地，在深深仰慕父母的同时，孩子可能会变得更加苛刻，甚至常常表现出来。正如我们看到的那样，青春期会发生两种变化：一个是对父母去理想化，另一个是到家庭环境之外寻找新的榜样。尽管上述两种情况都合情合理，但父母还是会感到痛心。然而，这两种变化又是必要的，因为只有这样，青少年才能确立自我、获得自主性。

矛盾的是，在这一人生阶段，青少年仍然会自豪地跟朋友介绍自己的父母，这一举动让每个人都很高兴。然而，也有一些儿童和青少年会为父母感到羞愧，这背后的原因可能合理也可能不合理，可能是个人的也可能是社会的。他们对此很苦恼，不想带朋友到家里来。这也恰恰从反面说明，他们希望能为自己的父母感到自豪。

你是否被孩子感动过？

当孩子向父母张开双臂想要得到安抚，哪个家长不会深受触动？哪个家长会感受不到温情脉脉的爱？当孩子忍住眼泪第一次走进学校，当医生给他检查疼痛的地方或是包扎伤口，他忍住不喊疼，哪个家长不会被孩子的勇气感动？当得知父母生病、家中老人离世或者班上的同学遭遇意外，孩子能够勇敢面对，哪个家长不感到欣慰？

当孩子进入青春期，在感情中受了伤，觉得天仿佛塌下来了，生活就是一场不公又无望的考验，哪个家长不会心生怜惜？

爱的初体验

爱玛的儿子纳唐一向充满自信，现在却总是低着头情绪低落，有时甚至悲伤不已。爱玛不禁疑惑万分。发生了什么事？在过去几个月里他明明看起来很开心，每晚都给女朋友打电话，学习也很有动力。爱玛突然觉察到：纳唐晚上不再打电话，他把自己关在房间里，不想和任何人说话。是恋爱出现了问题吗？是不是分手了？她向我询问应该如何跟纳唐谈论这件事。

我用本书介绍的三个原则——爱、理性和逻辑回答了她的问题。作为家长，我们爱孩子，很想和孩子聊一聊他经受的痛苦，给他一些安慰。家长不必克制这样的想法，但是在谈话中要尊重对方的隐私。爱玛可以表现得更加体贴、关心，只要适度就好。除了爱，我们还需要加上理性和逻辑。

理性让我们能够理解青少年。有了理性，爱玛就可以选择在合适的时机和纳唐谈谈与女友的关系，也就是双方都感到平静自在、相互信任的时刻。

符合逻辑的做法是不要把青少年当作傻瓜去安抚，千万别说“失去一个，找回十个”这种话。逻辑还可以让您明白，孩子的自尊心很受伤。所以，告诉他“看到你不开心，我很难过”，这比说“你和她不合适”或者“你们是不会有结果的”要好得多。

恋爱关系的破裂都是痛苦的。在青春期，这种痛苦不可避免，但是这段经历也可以是有益的。我们可以设想，青少年在经历了第一次恋爱、第一次感情受挫后，会变得足够坚强，勇敢面对生活，并且这种刻骨铭心的经历也不会阻碍他再次坠入爱河。我提出这种设想是因为，我曾遇到过三种在成长中受阻的青少年：无法爱上他人的青少年、无法走出失恋或无法忘记理想化的男友（或女友）的青少年以及无法再次开始恋爱的青少年。

为孩子感到自豪

我们在前文提到，孩子会为父母感到自豪。同样的，注视、倾听和谈论自己孩子时的自豪感也构成了父母的幸福。

当有人说宝宝长得像自己的时候，当孩子站得笔直，您觉得他简直神采飞扬的时候，哪个家长不感到自豪呢？

当孩子表达得体，能够根据情况选择恰当的词语，甚至使用了一个您从未想过他会知道的词，哪个家长不为之骄傲呢？

当自家的青少年因性格讨喜、工作能力强、修养良好、乐于助人而受到称赞，哪个家长不感到光荣呢？尽管您可能会感到有些意外，因为他在家可不是这样。

只要师出有名，这份自豪感就能让孩子受益。而且，自豪感是相互的，这是一种“双赢”的亲子关系。父母也需要这种反馈、这份自豪感。这份自豪感支撑着父母，塑造着父母。

与其他孩子的父母交流经验

在本书第一部分的结尾，我想重申一点：世上根本没有完美的父母。我们当中的每个人都可能遇到我描述的可怕场景，但是我们也会分享同样的喜悦。我建议家长们遵循以下原则：不必避而不谈身为父母的感受，与其他父母交流经验、分享各自的喜悦与忧愁时也不必感到内疚。

哪个家长不想分享经验？哪个家长不想听取建议从而做得更好？哪个家长不希望有人能够对他们不知所措或者迷茫的问题指点迷津？不用害怕，您可以提出任何问题。比如，您家孩子要去的那所学校怎么样？应该如何跟孩子谈论关于“性”的问题？这时应该告诉自己，世上没有愚蠢的问题，只有愚蠢的答案。

然而，不要成为那种只知道谈论自家孩子的人，不然周围的人会很厌烦。孩子可以是家长生活的重心，就像您遇到的所有父母一样，但他不应该成为家长生活的全部，本书的第二部分正要说明这一点。

第二部分

五个需要反思的教育原则

如果您重新思考文中提到的五个教育原则，
采取“双赢”的教育原则，并在不自我牺牲的前提下爱孩子，
您就会激发孩子的动力，让他做好面对现实世界的准备。

第 8 章

父母的爱应该不计代价吗？

“孩子就是我生活的乐趣，我无权给孩子设限。”

“我太爱他了，我可以容忍他所有的任性。”

“如果我拒绝孩子，孩子就会不再爱我。”

许多育儿建议的假设条件，似乎都是父母不够爱孩子，认为父母应该牺牲自己，让孩子自由自在地成长，以弥补缺失的爱。但是，父母不计代价的爱，真的能让孩子做好准备面对未来吗？请不要忘记，这个世界对我们和孩子来说都充满困难，甚至无情。

通过与各个年龄段的父母接触，我的经验告诉我，虽然社会上充斥着大量教育建议，但是今日社会真正缺失的是基本的教育原则。如果您想在今天成为合格的父母，就需要摒弃原有的错误观念。例如，爱孩子就必须给予孩子想要的一切，为了孩子牺牲自己的全部，不求任何回报，等等。

任何爱都以互利共赢为基础，那么在父母与孩子的爱里，这种互惠性又表现在哪里？您需要纠正原有的教育观念，这些观念常常会让父母将“强加的爱”与逻辑和理性混为一谈。

拒绝无条件的爱

孩子需要爱，这是事实。如今，大多数父母都希望从孩子出生起就跟他们保持爱的关系，像一对恋人那样，互相了解、彼此渴求，但也会争吵，产生矛盾又彼此思念。无论在分娩过程中是否使用了催产素，妈妈、爸爸都爱自己的宝宝。问题在于，孩子们在成长过程中有时会产生强烈的表达个人诉求的意愿，他们能够意识到自己在父母心中的地位和分量。孩子进入青春期后，类似状况会愈演愈烈。渴望一种不间断、不计代价的爱是父母和孩子产生隔阂的根源。

要求自己做到无条件的爱和不计代价的爱其实都不是爱的证明。二者都意味着双方难以承认彼此的差异和独特性。

爱孩子意味着帮助孩子成长，让孩子充分发展。父母应该怎样做？我有三个重要建议。

懂得提前规划

首先，父母的责任是成为一个合格的成年人，即成为懂得提前规划、能够逐渐让孩子摆脱稚气的人。但是，父母既不应该过分关注孩子的幼稚，也不要过分关注这种人类与生俱来的性格上的不成熟。什么是幼稚？幼稚是喜欢冲动行事，将诉求当作现实，混淆认知和信仰，认为对方就是自己心里所想的样子，意识不到并承认对方也有自己的愿望、情感、思想和权力。幼稚的人要么反抗权力，要么把权力看得过于神圣。

从婴儿时期到青春期，甚至长大成人，我们每个人都始终保有这种孩子气，它威胁着我们的人际关系，妨碍我们建立起真正的自尊。只有在能够应付别人交予的任务时，孩子才会建立起自尊。爱孩子，就是懂得怎样在适龄阶段逐渐给孩子指出困难和危险；懂得提前规划，避免孩子误入歧途；还要懂得规范孩子的行为；最重要的是，防止孩子在完全放松的时候退步。如今，人们更注重速度，提倡独立地做事，幻想可以得到一切，但是这样的氛围不利于父母完成上述任务，而这却关乎孩子未来的幸福。

接受分离

爱孩子，就要懂得与孩子分离。虽然婴儿期的孩子会因过早与父母分离而焦虑，但他们仍需独处。孩子慢慢长大，他们会逐渐明显地表达对分离的不满。他们起初会喊叫，然后大哭；长大后，则会用言语表达。孩子越长大，就越能在短期内脱离父母，能够接受的分离时间也会越来越长。再大一些，孩子就会面临首次远离父母的问题。这时，最好的方式是让孩子住在家庭成员特别是祖父母家中。从孩子 4 岁起，您就可以考虑让孩子去叔叔或姑姑家住，甚至参加夏令营。

孩子首次离开父母，担忧和喜悦交织之余往往会产生棘手的问题。然而，在脱离父母的环境中度过几天，有利于孩子的成长和独立。在新环境中，孩子会乖乖听话，会更容易接受自己穿衣服、刷牙甚至有时愿意吃在家不吃的食物。对孩子的爱会让父母跟孩子交代以后可能发生的事情，父母可以在孩子每晚睡觉前、每天早上出门前、与自己长期分离前跟孩子交流。在交流的过程中，父母应该找到孩子担心的原因，使其安心。对青少年而言，暂时离开父母也许会有好处，有时离开父母几个星期甚至还会改善亲子关系。

理解孩子

爱孩子，就是知道孩子真正想要什么。父母时常无法轻易了解孩子的想法。维克多·雨果曾这样写道："没有人能像一个孩子那样保守秘密。"雨果早就明白，不同于人们惯常的想法，孩子的保密能力很强，他们能将私人情感埋藏在内心深处。一个得不到爱的孩子会感到深深的痛苦，却不露声色。孩子既不是任人抓取和抚摸的毛绒玩具，也尚未成为在面对生活中的困难时能够独自解决问题的大人。一个无法按照自身意愿被爱的孩子，会比我们想象的更加痛苦。父母需要懂得孩子想要什么。

毫无疑问，任何孩子都希望父母爱自己，他们也希望父母为自己感到自豪。如果您爱孩子，就会自然而然地向孩子表达您的爱，夸孩子优秀善良，还会在孩子吃掉以前不愿意吃的蔬菜后称赞孩子，表扬孩子乖乖上床睡觉。如果孩子同意在看漫画或动画片之前做作业，或是在磕磕碰碰后勇敢地接受治疗，您也会表扬孩子。在日常生活中，您可以在无数种场合用爱和理性表扬孩子。为什么您要剥夺自己表扬孩子的权利呢？

但是，告诉孩子他们的一切和所做的任何事都很完美，这是爱吗？显然不是。假若如此，等孩子渐渐长大，他们很快就会意识到父母欺骗了自己。孩子知道自己的言行举止是否值得表扬，是否大方得体，是否能够被接受，是否能够让父母满意，他们能够分辨行为的好坏。如果孩子因做错事遭到训斥而哭泣，原因不仅仅是遭到了训斥，还因为他们知道自己做了傻事，感到羞愧。

下面这段话具有启发意义，它阐明了父母对孩子的爱以及孩子的感受，请您铭记：我们会时常质疑自己是否被爱，一旦明确被爱，这种感觉便永远都不会彻底消失。孩子会时不时意识到自己并不拥有一切，父母的爱并非完全没有条件，他们需要让自己配得上父母的爱。孩子只有在深切感受到自己被爱时，才会更有力量，更坚定信念。

表扬但不吹捧

父母常常是出于对孩子的爱才去表扬孩子。“表扬有助于让孩子变得自信，帮助其建立内心的安全感。”但是，父母的吹捧对孩子而言，并不是一种合乎逻辑的态度。这会让孩子误以为事情很容易，甚至认为一切人和事都在围着他转，还会让孩子误以为自己只有优点，没有缺点。如果父母吹捧孩子，会让孩子误以为一切都是自己应得的。小学老师娜塔利坦言：“受吹捧的孩子会被现实击垮。此后，幻想的破灭会令他们痛苦不堪。”

4 岁的孩子画了一幅有关大地的图画，父母因此开心地称赞孩子的画作最漂亮；父母带 6 岁的孩子参观卢浮宫，3 个月后故地重游，孩子还能记起雕像上的铭文，父母赞扬孩子是世界上最聪明的小孩，这些都无可非议，因为这样做确实可以培养孩子的自尊。我们很清楚，孩子不一定能够成为像毕加索那样的画家，也不一定能成为法兰西学院的院士。如果孩子乱画一气，随便想起什么，或是长了一双与众不同的招风耳，父母还是因此不停地称赞孩子最有天赋、最聪明或者长得最好看，这些都不会给孩子带来什么益处。此外，如果父母在其他人（例如，孩子的兄弟姐妹、朋友以及别的大人）面前吹捧孩子，也可能会招致他人对孩子的嫉妒或耻笑。

父母出于爱，鼓励孩子、培养孩子良好的自尊、激发其才能、公开赞许孩子的成就很正常，甚至很有必要。父母的表扬对孩子大有裨益，尤其需要注意的是，不要打击孩子。一个小姑娘曾对我说："在妈妈眼中，我做得永远不够好……我考试的前一天，妈妈去教堂祈祷，她告诉我自己实在太担心我无法通过考试。"成年后，这个小姑娘便一直缺乏自信，她不自信的根源显而易见。她对母亲有很多怨言，坦言母亲因为自身的焦虑，过去一直在贬低她。

逻辑不仅要求父母在合适的场合正确评价孩子，也要求父母懂得纠正甚至批评孩子的错误。孩子并不傻，不会对什么样的话都信以为真。在内心深处，他们希望他人赏识自己的长处。懂得正确评价孩子与批评孩子并不矛盾，出色完成任务时，孩子需要听到表扬，以便再接再厉；孩子犯错时，父母也需要批评或责备，让孩子改正错误。

逻辑也要求父母在不一味追求孩子成功的基础上，正确评价自己的孩子。两岁的大卫刚刚得到一盒纸牌游戏，他在玩游戏时摆对了纸牌的位置，母亲因此予以表扬。他母亲还说："他马上就懂得了全部游戏规则。"大卫的爷爷却说："大卫，你能摆对纸牌，这很棒。但是要明白，你也会遭遇失败。游戏的目的是尽量摆对所有纸牌，这可不是一下子就能做到的。"

在当今这个看重成功和成绩的世界，如果父母生了一个天才，帮助他充分发展，尽早发挥出全部潜能，将会非常有优势。但是，如果父母过分夸奖孩子，就会适得其反，因为这会让孩子误以为自己已经长大，不愿意继续成长。实际上，父母对孩子过高的评价，不仅很快就会遭到其他孩子和周围大人的质疑，也会让孩子在困难和失败中陷入自我怀疑。为了保持自己的声望，并将其在家庭中内化，这些孩子长大后会逃离现实世界。在内心深处，他们会在追求优秀以及失败后的自我贬低之间摇摆不定，而其他人仅仅把日常的情形当作可能会成功也可能会失败的测试，并不在意结果。将花园的农具和爸爸工作室的办公用品整理得井井有条，也不算是件容易的事。成功当然是好事，失败也并不糟糕。因此，除了有天赋，努力、坚持和坚韧也都是成功必不可少的要素。如果孩子拥有上述品质，就会得到父母真诚和公正的评价。父母懂得这一道理至关重要。

我见过许多还在读书的青少年，这些孩子都对自己的学习感到非常茫然。他们的父母有时也会非常惊讶，因为孩子过去一直是好学生，起码可以不太费力就通过升学考试，如今却突然遭遇失败。大体来看，无论男孩还是女孩，这些孩子都很聪明，过去一直不用努力学习就能取得好成绩。另外，有些孩子一直得到父母足够多的保护，导致他们从未自己面对过现实问题。其实，从某一时期开始，孩子仅凭智商和父母的保护已不足以让自己成长。表扬孩子是爱的体现，但是，如果父母明里暗里都在吹捧孩子，让他误以为自己最棒，就很可能会让孩子在得知真相后极其失望。

对孩子来说，参加体育活动、跳舞、演奏乐器都是生活中很棒的教育活动。无论踢足球、打羽毛球、打网球，还是跳舞、弹钢琴、演奏小号或拉小提琴，都无法在学习之初就马上让孩子感受到自己的价值。父母可以面带微笑地告诉孩子，他们很勇敢，并毫不夸张地告诉孩子，他们的进步让自己感到惊讶。在参与这些活动时，孩子可以看见也可以听见自己的进步。与此同时，孩子还可以从这些活动中认识到，某天他们会因自己的努力而感到快乐，某天他们仍能继续进步。无论失败还是成功都不是必然的。这是多么美妙的人生一课啊！

理性的父母要满足于孩子的平凡。孩子既非天才也非傻瓜，他们身上的品质会随着时间的推移发生变化。您应该因孩子的成功而高兴，却不会因孩子暂时的失利而失望。

将爱、逻辑和理性结合起来，能够让孩子在未来成为足够自信的人，对生活持有乐观开放的心态。有鉴于此，父母最好要正确评价孩子，鼓励孩子在儿童时期不断改正错误，避免吹捧。自信是在一生当中建立起来的。

不要让孩子成为“小霸王”

“小霸王”会表现出怎样的行为？答案很简单，他们就像历史上真正的暴君！这些孩子会让他人（此处指父母）屈服于自己的意愿，不愿意接受任何惩罚（父母的惩罚），认为玩具、纸张、弟弟妹妹和父母的铅笔等一切都属于自己，他们不对任何人负责。柏拉图曾指出，暴君会混淆个人欲望和法律，混淆享乐和公共利益，“小霸王”也是如此。父母可以深爱自己的孩子，但是任凭孩子胡作非为下去，既不是符合逻辑的做法，也不符合理性的要求。否则，这个“小暴君”就会逐渐丧失边界感，不听父母的话，摒弃道德准则，不尊重他人。

这样一来，对于父母和整个家庭而言，生活就成了地狱。1784 年，孟德斯鸠曾在《论法的精神》中对历史上的暴君进行过绝妙的阐述：“一个人，如果没有法律和规则的约束，就会全凭意愿和任性行事。”

父母需要提醒自己不要屈从于孩子的意愿，但不幸的是，他们往往会在无意中向孩子妥协。请不要忘记，尽管希特勒的父亲是一个粗暴的酒鬼，但他的母亲对他过度宠溺，自上学开始，这个疯狂的人就一直拒绝做作业。哪个父母会希望培养出一个小尼禄（古罗马皇帝，以残暴闻名。——译者注）、小希特勒呢？不要等到濒临崩溃、孩子成为让您束手无策的“小霸王”时才想办法。否则，您很快就会精疲力尽。

不要乞求被爱

显然，无论孩子还是父母，彼此讨要爱于双方都无益。乞求被爱的一方会因依赖对方而痛苦，在内心深处，他的自尊心受到了伤害；而另一方也会感到不适，他不清楚自己是否有能力回应这种强烈的要求，也不清楚自己的回应是否能够让对方得到满足。

两类痛苦的孩子：患病的孩子与被虐待的孩子

如果一个孩子饱受病痛折磨或遭到虐待，我们就会在这两种特殊情况下产生无尽的爱意，这是人性使然。

一个遭受痛苦的孩子会深深触动我们。因为我们清楚，能否减轻孩子的痛苦取决于我们，我们很容易自责没能照顾好孩子。另外，无论有意还是无意分担孩子的痛苦，我们都会自责没能立刻减轻孩子的痛苦。作为父母，我们有时比孩子受到的影响更大。出乎意料的是，虽然许多孩子都患有严重的慢性疾病，但是他们时常比大人更勇敢。

遭到虐待的孩子与患病的孩子境遇不同，但同样会引发我们的同情。为了避免混淆概念，我们需要定义什么是遭到虐待的孩子。根据法国 2007 年颁布的法律，“虐童”一词指孩子身处某种危险情境，成为残暴或侵犯行为的受害者或潜在的受害者。这条法律规定，卫生和社会行动专业人士首先要向司法机关揭发虐童行为，随后有关人员要将案件信息上报给司法部门的信息收集、评估和处理中心。这样就能解决一切问题吗？答案当然是否定的。如果一个孩子遭到虐待，所有照顾孩子的人都会被深深触动，包括社会和教育工作者在内的每个人。

面对这两种令人痛苦的情况，对孩子的共情会带走我们所有的理性态度。虽然我在书中建议父母尽量将爱、逻辑和理性结合起来，但是，我们有时也需要将逻辑甚至理性让位给爱和共情。

第9章

能否允许孩子口无遮拦?

“让孩子随便讲话吧。”

“父母要回答孩子的全部问题。”

“我父母曾经不让我讲话，我要让我的孩子自由表达自己的意愿。”

一个多世纪以来，许多教育家都主张永远不要限制孩子的意愿，他们很可能是夏尔·傅立叶的追随者。100多年过去了，如今仍然有许多人追求19世纪初的乌托邦理念。难道真如傅立叶认为的那样，孩子和青少年“没有任何无用和邪恶的欲念”吗?

然而，这位空想主义者建议孩子依照最原始的冲动成为对社会有用的人，这一点却是我们经常忽视的。傅立叶指出，一个孩子如果生来喜欢污秽之物，那么他就应该从事肮脏的工作，比如清理下水道、处理粪肥、售卖动物内脏……正如法国哲学家罗热-

保尔·德鲁瓦所言："人尽其用、非常幸福的孩子可能会让人毛骨悚然，乌托邦和解放的想法也有反面作用。"据此，我们可以认为，过多的爱会扼杀爱本身，过分讲逻辑会摧毁逻辑。

50多年前，在法国的"五月风暴"运动时期，一代青年希望在几周内改变世界，而我也曾是他们中的一员。在教育领域，"禁止'禁止'"的口号可以阐述为"我们可以给孩子展示一切，什么都可以跟孩子讲，孩子可以听到和表达一切"。人与人之间异常频繁的交流孕育出这场真正意义上的教育革命，这是此前任何一代人都没有经历过的。1968年后，每个法国人都感到更自由，掌握的信息也更多。与过去相比，法国人可以在更年轻时就懂得许多知识。总而言之，普罗大众变得更加聪明，孩子在成长过程中，情商和智商都比以往发展得更快。

幼儿专家发现，婴儿对世界并非漠不关心，他们对母亲完全依赖，已经具备一个常人具有的能力。婴儿会看，会听，会试图吸引周围的人，他们不但会表达自己的需求，还会表达欲望。如今，我们知道，孩子从出生的第一个月起就会思考世界和现实。在探寻知识的过程中，婴儿会像柏拉图一样思考，在试图与他人接触时，会像列维－斯特劳斯那样产生疑惑。那么，如何在清楚孩子只是个小婴儿的同时，尊重他身上正常的需求与能力？

就算是孩子打断别人的话，或者他的话和正在发生的事毫不相关，在这时禁止孩子表达想说的话，我们也要担心自己出错。父母有时真的需要思考，甚至是怀疑！我之前讲过，餐厅里的小婴儿刺耳的尖叫声，惊扰了所有就餐的顾客；奥雷利安在去爷爷奶奶家的路上，不计代价地吵着想要火车站商店橱窗里的玩具。上述场景展现出孩子表达其想要或渴求东西的能力。对父母来说，这也是真正的困难所在。父母会因为拒绝孩子、不满足孩子的要求感到着急和疲惫，从而内疚。对每个父母来说，重新找回对孩子的爱、理性和逻辑这些基本的要素并不总是那么容易。让孩子通过表达自己来发现世界、接触他人当然是好事，但目的不能是仅仅满足孩子的个人欲望，而损害周围人的利益。

若想解决上述问题，父母仅需牢记以下几点：

- 表达的方式分为两种：一种令人放松且有趣，另一种粗俗甚至充满暴力。父母不应该鼓励孩子使用第二种表达方式。
- 父母可以让孩子讲话，但不要让孩子打断您的话。
- 孩子可以通过讲话来确立自我，但不可以借此成为关注的焦点。
- 父母应该懂得倾听，但不要过早完全相信孩子的话。孩子虽然不会撒谎，但是他们往往比大人更具想象力。

会将爱、理性和逻辑结合起来的父母应该懂得保持沉默，既不要向孩子解释一切，也不要和孩子无休止地讨论。父母应该将多余的交流时间留给愉悦、放松和开心的时刻。某些媒体、电影或文化话语不惜代价，吹捧随心所欲的表达以及体验情感的能力，对比父母应该予以抵制。某些演员和歌手的暴力行径会通过媒体传播，这些演艺人员都不足以成为教育孩子的榜样。如果孩子受到影响，变得易怒和冲动，都将会妨碍孩子的社会生活。我们可以理解，这些男男女女想要利用他们自己也无法控制的本能倾向制造舆论，从而在事业上获益。但是，媒体对他们大加报道，就不太让人理解了。

无疑，一个孩子需要表达自己的诉求，但是要注意方式，既要当心讲话的内容，也要注意时机。

孩子应该无所不知、无所不晓吗？

“不要对孩子有所隐瞒。”

“孩子知道得越多，就越机灵，也越聪明。”

“孩子可以看透一切。”

我认为，我们没有必要把无话不谈的沟通与交流神化。我赞同父母激发孩子的好奇心、想象力和创造力，但是我不赞同父母总是那样做。我赞成孩子和青少年使用互联网，但是我也赞成父母对孩子进行监管。父母不仅要限制孩子浏览某些网站，还要规定孩子每天使用电脑的时间。时间一到，孩子就要立刻关闭电脑。

出于本能，孩子从很小的时候起就会有很强的求知欲。他们起初会对周围人十分好奇，很快便会对世界感到好奇。孩子从很小的时候起就会观察和触摸，随后会表现出想要看见和触摸一切事物的渴望。起初，他们可能不理会旁人，自顾自地玩耍，然后会逐渐寻求与游戏伙伴分享自己的想象。孩子在初次展现出想象力时会乱涂乱画。这时，他们的画会触发父母的爱，让父母惊叹。孩子身上的创造力最初表现为对画画的渴望。虽然父母应该让孩子凭本能去涂画，但是具有爱和教育逻辑的父母，也应该用有趣的方式陪伴孩子画画。这样做可以激发孩子的创造力，培养孩子观察和倾听的能力。在画画的过程中，父母不必考虑孩子是否会思考、是否会说话，暂时不必考虑孩子是否具有理性。对孩子来说，生活首先意味着观察、品尝、触摸和感受这个世界。在父母的帮助下，孩子从 3 岁开始就可以给填涂画涂色。在不知不觉中，涂色游戏不仅可以让孩子玩得开心，也能让孩子懂得在玩耍的同时尊重规则。

如今，不少出版社推出了优秀的画本，让小孩子可以在大孩子的陪伴下接触绘画。年龄稍大的孩子还可以参加许多活动，以此满足他们将有用的东西和快乐相结合的需求以及对探索的渴望。此外，孩子也有许多了解科学的机会，一直以来，相关活动都取得了很好的效果。例如，巴黎的科学城、普瓦捷的“观测未来”主题公园、热尔省弗洛朗斯小镇的太空节，当然还有于贝尔·雷弗赞助的“星空农场”活动等等。每年夏天，“星空农场”都会举办工作坊和讲座，孩子可以通过参加农场的活动探索天空。

我支持媒体播放适合孩子观看的画面，但是反对媒体传播愚蠢、粗俗和暴力的内容。您有时可能会认为，某本杂志、某张图片或相关的评论、某个游戏或电视节目、某个网站都很没劲，很粗俗或者很愚蠢，不过您仍然会浏览或观看，因为您有时也会觉得有意思，但很快就会弃之不理。在这一方面，您也可能会对您的孩子要求更高。人无完人，然而您清楚，孩子可能会受到诱惑或者缺乏判断力，他们无法挑选既有趣、好玩、具有教育意义又适合自己年龄的内容。通过爱、理性和逻辑，您完全可以禁止孩子读某些杂志，不看某些电视节目，不浏览某些网站或者不玩某些主题、情节和图片充满暴力的游戏。

怎样跟孩子谈“性”？

孩子会早早地表现出对“性”的好奇。这种好奇通常产生于观察自己、弟弟妹妹、表亲以及邻居家小孩子的身体。孩子不仅会观察并抚摸自己的身体，还会观察其他孩子，想要触摸对方的私处。因此，孩子玩起抚摸生殖器的游戏是成长过程中的正常现象。然而，在不大张旗鼓的前提下，父母还是应该告诉孩子不要这样做。孩子会产生罪恶感并感到羞愧，想要逃避，产生这种感觉完全正常。怀揣某种罪恶感生活是人类必要的一种心理，这种心理会让人避免触犯禁忌。愚蠢的做法是，父母害怕或者天真地以为孩子应该自由，可以想做什么就做什么。父母应该让孩子“藏好”自己最私密的东西（即生殖器），不要让别人看到或者触摸，并给孩子解释原因。

孩子会感到疑惑，会问父母如下问题：“为什么弟弟的小鸡鸡和我的不一样？为什么妹妹没有小鸡鸡？”“妈妈肚子里的小宝宝是怎样从肚子里出来的？”孩子期待父母的回答。虽然孩子需要了解自己的出生、性、未来等与自己息息相关的信息，但是父母没有必要将一切都告诉孩子。父母不应该回避这些问题，但是要记住孩子不是大人，要用恰当的方式予以解答。

此外，如果一个孩子说起“性”的话题，说自己骚扰了另一个孩子，要知道这并不是一件有趣的事。不要当着孩子的面用同谋和玩笑的语气向其他大人提起这件事，因为孩子会表现出过度焦虑。这时，您需要听取专家、医生或心理学家的建议。

孩子的问题亘古不变。出于爱，您会任凭孩子提出关于“性”的问题。理性会让您懂得，从小孩子到成年人，人类对“性”的投入在成长和生活过程中是正常的现象。

但是，在我看来，父母符合逻辑的做法是，不应该同意更不应该鼓励小孩子和青少年通过广告图片或其他形式一直处于性兴奋的状态，不应该让孩子过度投入其中。过度沉溺于“性”，在成长过程中是不正常的，会让孩子丧失对其他事物的兴趣。

让孩子学会“双赢”

除了彼此的爱和共同的情感，父母和孩子之间的“双赢”原则可以基于具体的态度。因此，重要的是，父母要让孩子懂得，隐私是人类的一种渴求，与获得自信和被尊重同样重要。

孩子应该尊重您的隐私。从 5 岁开始，如果没有特别的理由，孩子就不应该不敲门就进入您的房间。现在的孩子完全能够理解这一要求。反之，父母也应该懂得尊重孩子的要求，大约从孩子 6 岁起，父母就不要在孩子面前赤身裸体。通过这种教育方式，孩子既能学会尊重其他孩子的隐私，也可以要求他人尊重自己的隐私。

第 10 章

成为父母，就意味着自我牺牲吗？

“父母应该总是随叫随到。”

“我们对孩子照顾得还不够。”

“他需要我们。”

“只要在孩子身边，我就首先应该照顾他。”

“父母不应该期待任何回报。”

“为了做一个好母亲，我牺牲了个人生活。”

许多父母对我说：“有了孩子后，我们再也没有时间去看电影，去剧院和博物馆的时间也变少了。”毫无疑问，他们非常关注孩子的生活。一项关于“参加文化活动对健康和幸福指数的影响”的调查在 50000 名挪威人中展开。刚才提到的那些父母大概对上述调查并不了解。研究人员评估了调查对象的健康状态——是否患有慢性疾病，是否出现身心问题，是否对家庭或社会造成影响。研究人员还针对成年人对个人健康的感知情况以及对个人生活的满意度展开调查。调查结果显而易见：无论男女，参加文化活动的成年人都更健康，对生活更满意，既不会很焦虑，也不会很消极。无论他们的社会经济条件如何，只要经常参加文化活动，就会从中获益。

对孩子来说，即便父母晚上不常在家，但是只要父母身体健康、对生活感到满意，就很好了。

如何平衡工作与生活

许多年轻的父母都想知道如何平衡工作与生活，尤其是如何合理安排家庭生活以及照顾孩子的时间。虽然这一问题与父亲不无关系，但是对母亲来说显然更重要。在法国，25 ~ 54 岁的女性就业率为 76.6%，超过经济合作与发展组织（OECD）国家的平均值。但是，对于育有 3 个及以上孩子的法国女性来说，她们的就业率仅为 38%。并不是所有法国女性都心甘情愿地出去工作，全职妈妈也不一定对自己的个人生活和社会生活感到满意。

对希望或需要工作的女性来说，生孩子是一种限制。在 21 世纪，这是一种错误的观点。一项良好的家庭政策尤其应该保障工作时间的灵活性，特别是保障母亲在这方面的权益。我认为这一政策可能对儿童更有利，特别是在儿童出生的头几年，相较于许多人主张的增加托儿措施的建议，这种政策可能更具经济效益。

不一定是时时的陪伴

我经常听到一些父母懊悔、愧疚、无奈地说："我不常在家，没有足够的时间照顾孩子，我工作太忙，不得不早出晚归。由于我不在家，孩子总是感到难过……"现代生活方式的确为父母带来许多不便，因为双方通常都有工作。父母需要巧妙地分配工作、私人生活以及照顾孩子的时间。如果一个孩子遇到很多困难，父母就会说自己对孩子身体上的陪伴较少，不能给予孩子足够的照顾。有必要指出的是，我时常认为，说出上述理由其实是在回避更私人、更复杂、更让人感到内疚的问题。

无疑，孩子需要见到父母。每当看到父母接孩子放学回家或是自己下班之后回到家中，儿女欢笑着伸出手臂迎接父母，我们就能明白孩子与父母见面的重要性。每当听到一个大一些的孩子或是青少年抱怨缺少父母一方或双方的陪伴，我们也会明白这个道理。他们会说："不管怎样，你们从来都没陪过我。"其实，孩子这种直截了当的责备能够掩饰其他不满或者起到不让父母责备自己的目的。

怎样避免内疚

首先，您需要稍微回顾一下历史，想一想几个世纪以来，为人父母者其实都没有太多时间照顾孩子。父母最早都在农场里劳作，到了近现代则在工厂里工作。有钱人还会请保姆或家庭教师照看孩子。父母在孩子教育中的缺席，会导致孩子当下或长大后产生心理创伤甚至抑郁。在不主张回到过去的前提下，我和许多同事都认为，虽然从理性的角度看，父母对孩子身体上的陪伴不可或缺，但最重要的是，要给予孩子一种精神上的陪伴。从很小的时候起，孩子就会通过您在他身边给予的关注，将您内化于心。显然，父母对孩子的这种关注应该展现出温柔、真实、共情和模仿的一面。虽然孩子很小，但是，精神世界足够强大。

比起和孩子相处一整天，强迫自己回应并照顾孩子，表现出一个所谓的好母亲或好父亲的形象，不如用较少的时间用心陪伴孩子。陪伴时要对孩子表现出真正的快乐，展示真实的自己。儿童精神分析专家温尼科特曾提出“虚假自我”这一概念。该术语指一种态度，在这种态度下，主体感到自己的形象永久受制于他人的期待。父母和孩子之间建立起的模仿机制可能会让孩子模仿周围人的行为。例如，孩子对别人说“你好”完全是一种机械的行为，而不是真正想对他人友好，也不是出于自身的教养。

您还需要清楚的是，对孩子来说，父母的“不可见”“不可触”“不敏感”并不意味着“不存在”。我们都知道，孩子从两岁起就喜欢玩捉迷藏，会从中发现乐趣。这说明，在视觉上，身体的消失并不意味着一个人真正的消失或离去。

独自玩耍未必是难过的

孩子们空闲时会感到无聊。这时，他们便会出于本能，要求身边的人（通常是父母、弟弟妹妹）和自己一起玩游戏。他们会不停地问："你不想和我玩吗？"父亲或母亲则会回答："你自己玩，我很忙。"难道这样的父母很糟糕吗？孩子们可能会因为无法得到满足而发火或者生气。厌倦询问后，他们便会独自玩耍。父母此时会惊讶地发现，孩子们不理睬身边发生的事情，他们玩得怡然自得。

小时候，我也经常自己玩耍，这对我没有任何影响。有时，我会因为没跟同龄的孩子一起玩游戏而难过，会因为找不到人跟我玩而伤心，也会因为父母没空陪我玩而失落。但有时，我也会很快乐，因为我可以享受宁静，可以创造我想象中的农场，那里既有居民之间的争吵，也有拥吻的恋人。我可以安静地玩我的玩具火车，跟想象中的人物来一场赛车游戏或模拟环法自行车赛，比赛的输赢由我决定。

如果父母真的很忙，如果他们担心孩子被虐待、担心孩子难过、担心孩子产生被抛弃的感觉，那么他们就应该妥协吗？如此一来，难道孩子不会变得不懂得耐心等待吗？难道孩子不会因此不具备独处的能力、不会考虑他人的意愿和要求吗？

最好的做法难道不是跟孩子们解释您工作繁忙的原因吗？您可以告诉孩子，不久之后，您会拿出一天时间，或者在接下来的日子里专门陪孩子一起玩游戏。

对孩子的爱，不应该影响夫妻的生活

孩子的作用不是拆散夫妻。如果夫妻产生矛盾，孩子更不应该成为潜在的求助对象。孩子不应该毁掉夫妻之间的亲密生活。如果夫妻双方懂得如何维护二人的私密空间，那么孩子就会成为二人的黏合剂。

父母对孩子的爱能促使夫妻中的一方或者双方把对另一半的爱与痴迷转化成对孩子的爱。母亲可能更容易受到影响，因为心里被小宝宝填满非常容易得到精神上的满足。尽管如此，有些父母依然会混淆成人之间的激情之爱与亲子之间的温柔之爱，后者也包括孩子和父母之间最深沉的爱。如果父母不能充分感受到这种人类情感的差异，对孩子的爱就可能会取代夫妻之间的爱，妨碍夫妻之间的感情与私密生活。

符合逻辑的观点认为，孩子应该是夫妻双方的维系者，而不是拆散者。孩子不应该以为自己是世界中心，尤其不应该认为妈妈或爸爸的幸福取决于自己。另外，您没有任何理由认为，夫妻之间的情欲之爱会随孩子出生而消失。符合逻辑的想法是，父母获益，孩子也会获益。夫妻关系本就应该长久，而孩子从出生起就注定会在将来离开父母。

通过理性思考，您会明白，夫妻之间和谐的生活对彼此的身心平衡以及孩子都至关重要。拥有二人世界，特别是恩爱的夫妻生活，还意味着父母不必为孩子操心与焦虑，可以为孩子提供更好的成长空间。

有鉴于此，父母将爱、逻辑和理性结合起来并不意味着自我牺牲，而是可以将夫妻关系化为对孩子的爱，让夫妻双方更加和谐。法国儿童心理学家弗朗索瓦兹·多尔多曾说，父母破镜重圆后，孩子会越发感到快乐。简而言之，在这种思想的指引下，您可以采取以下具体做法：每晚的某段时间后，请您不要让孩子侵占您的个人时间。合理的教育方式是父母共同规定孩子的就寝时间。

第 11 章

父母的权威是否令人窒息？

“我的父母曾经让我非常痛苦，我不想让我的孩子重蹈覆辙，所以我给他们自由。”

法国特恩斯市场调查公司在 2011 年 8 月的《心理月刊》上发表了一项调查，题为“您是否大致认为今天的父母，或者您身边的父母都难以让孩子听话”。81% 的受访者给出肯定的回答，同时又有 83% 的父母声称自己对孩子并不专断。就难以让自己的孩子听话而言，47% 的父母认为让孩子整理房间相当棘手；52% 的父母认为让孩子乖乖整理房间并不算什么大问题。另外，68% 的家长在让孩子做家务时没有遭到反抗，30% 的家长则声称遇到了困难。73% 的家长声称他们能顺利让孩子上床睡觉，27% 的家长却无法让孩子按时就寝。

为解释父母对有关权威问题予以否认这一现象，《心理月刊》

指出，“父母总是低估小孩子反抗行为的重要性。如果对孩子让步，父母也不认为自己因此丧失了权威”，以及“一切都已发生，但是，父母被困于理想形象之中，他们不敢承认自己遇到了问题”。法国精神分析师克洛德·阿尔莫斯认为，父母难以对孩子说“不”。这既和经常混淆权威与专断有关，也和缺乏对父亲角色的认识有关。“爸爸回家的时候，你要迎上去”似乎已不再是令母亲发飙的最后一道防线。

相较于过去的父母，现代父母的心态已不那么安稳平和。他们害怕做得太多或不够，害怕犯错。这些担忧会削弱父母在面对一个孩子时应有的自信。过去几代父母制定的规范以及形成的权威已经被削弱。

父母的权威以过去的经验为基础。确切地说，父母并非凌驾于孩子之上，而是处在孩子之前，权威被融进继承顺序之中，确保其通过代际延续。如今，将即时性、不可预见性以及不确定性神化，会削弱父母和老师的权威。当代的“权威危机”仿佛是某种更深层危机的另一面，在这个充满变化的世界里，它涉及遗传和效率问题。一旦现在和未来成为最终的参照物并强加于人时，父辈的威信就会让位于同辈人的威信，遗传会趋于消失，直至让位于模仿。父辈与同辈的威信以及遗传与模仿都不是对立关系。

然而，无论过去、现在还是未来，教育权威都源自影响他人以及控制他人行为的能力，拒绝影响就是拒绝教育。与过去相比，这种能力在今天更多地以承认权威以及认识到权威的重要性为前提，因为在服从或放任的行为当中，权威已经不起作用。相反，权威只存在于承认权威的行为之中。教育的影响并不是消极的，其目的是让人成长。教育作为一种意志，很少会迫使另一个意志屈服于己，更多的是与另一个新生意志联合，帮助其实现愿望，指引方向。教育的影响也是暂时的，是有期限的。

对当代父母而言，关键在于要在日常生活中忠实践行几项主要的教育原则，即爱与团结、持之以恒、关注公平正义、尊重自己和孩子。

父母的权威并非专断，不会根据孩子独立与否做出调整，他们只是提供参照，让孩子自我定位并找到方向。

父母的职责是为孩子指出困难和危险，不要让孩子误入歧途，要为孩子制定规则，以防退步。父母应该尽到作为成年人应有的职责，即成为逐渐帮孩子摆脱幼稚的人。我们知道，幼稚的人看问题往往比较单一，他们会混淆自己知道的和相信的东西，会把愿望当作现实。从幼儿期到青春期，幼稚的孩子要么反抗权力，要么把权力看得十分神圣。

行使权威需要适时调整并循序渐进

父母的权威有不同类型，符合逻辑和理性的做法是根据孩子的年龄选择展现合适的权威。

• 针对小孩子，父母要敢于交流和约束，例如，对孩子说："你会触电的……不要碰插座。"父母要让孩子从很小的时候就懂得，没有禁止，就没有允许。

• 针对3～10岁的孩子，父母可以采取循序渐进的方式，首先向孩子解释，进而提出要求。如果有必要，也可以惩罚孩子。"你放学不要和朋友待在一起，在家吃些点心休息一下，就去学习……如果你放学后很晚才回家，周六就不能应邀去朋友家里。"

• 针对青少年，父母可以在上述做法中加入教育和协商，并限制孩子的过度行为。青春期是孩子反抗父母权威最激烈的阶段。孩子喝完可乐不盖瓶盖，不收拾桌子，不整理衣柜，不愿意给房间通风，不根据气温穿合适的衣服，学习时将音乐声开得很大……以上仅仅是父母和青少年日常斗争的几个案例，青少年的父母对这些场景都非常熟悉。那么，父母应该怎样做呢？以下有几个简单实用的建议，但是，有些可能会与您的理性相悖：

——在合适的时刻，即冷静时跟孩子谈论易怒的话题。

——谈话要简明扼要，否则争论会越来越激烈。

——尽管不情愿，您还是要将授权和建议相结合，在提出建议时，尽量不要抱怨。例如，"如果你想周六去看电影，我可以理解，你已经决定和朋友去看电影，但是，要选择你感兴趣的影片，不要受……影响。"或者"你还有一个月就要参加高中毕业会考了，无论你愿意与否，下个月每周六你都要复习功课。你需要我帮你制订一份复习计划吗？这会对你有帮助……”

——要承认，孩子在某些话题上比您知道得多。您不要感到不快，而是要赞扬孩子。父母的赞扬总会给孩子留下一些东西。孩子随后就会度过青春期，但是，要承认，对父母来说，这一过程仍将持续很长一段时间。

——如果孩子表现得极其友好，您可以一同享受孩子的好心情，但是，当心孩子反过来对您提出要求，不寻常的微笑意味着要有事情发生。

爱孩子和惩罚孩子都不容易

蒙田写过这样一句话：“比起担心别人，我更渴望被人爱。”这句话反映了所有父母时时刻刻的深切愿望。有些父母担心，如果将规定强加给孩子会让孩子不再爱自己。还有一些父母在想，怎样才能在帮助孩子成长的同时用规定限制孩子？另外一些父母则想知道，如何在专断和放任之间找到平衡点？父母怎样重获权威，仍是今天需要解决的问题。然而，我们可以从反思惩罚的意义入手。只要惩罚不会对孩子造成羞辱和伤害，那么，简而言之，它就绝不是“压制性教育”的同义词。恰如其分的惩罚不会对孩子造成伤害，不会让您失去孩子的爱，更重要的是，它会或多或少减轻孩子的内疚感。对父母来说，清晰冷静地告知孩子要对其实施惩罚会避免自己发怒和吼叫。

什么是恰如其分的惩罚?

是否有必要思考什么是恰如其分的惩罚？法国思想家拉布吕耶尔曾指出：“孩子甚至比大人更清楚地知道什么样的惩罚对自己来说是恰如其分的。”“如果惩罚没有犯错的孩子，甚至因为一些小错就对孩子严厉惩罚，就会让孩子失去自信，变得一无是处……”

父母是保护孩子免受本能和冲动影响的第一道堡垒，作用是为孩子接触世界保驾护航，成为孩子与世界“交易”的担保人。孩子只会自己逐渐明白这一道理，并在需要的时候自我保护。惩罚包含正向惩罚和负向惩罚，惩罚能让孩子意识到哪些事情是被允许的，哪些事情则是被禁止的。

如果您将对孩子的爱、理性与逻辑相结合，就会遵循以下几个原则：

——父母应该在孩子明确违反规定的禁令时才实施惩罚。

——惩罚应该公平。

——惩罚既应该在孩子能够承受的年龄范围内实施，也应该与孩子犯的错误适配，不应该因为孩子为犯错找到理由就取消惩罚，要明确实施惩罚的必要性。比方说，您 6 岁大的孩子把车后座上妹妹的玩具拿走，想据为己有。您明确指出，每个孩子应该玩自己的玩具。在这种情况下，我不建议您威胁孩子，说要把他独自留在路边。您很清楚，哪怕孩子不听话，您也不会实施这一惩罚。但孩子在这个年纪，如果认真对待您的威胁，就会非常焦虑。而如果您真的对孩子实施了这种惩罚，可能会事与愿违。

如何面对闹情绪的青少年

写作这本书的过程中，一个朋友跟我讲起一段往事。他一定是感到愧疚，所以此前从未提起过。他说："我自认为对大儿子的做法没有错，但有时这种想法还是会动摇。"这是一段怎样的回忆？他的叙述非常清晰，仿佛事情就发生在昨天，其实发生在十多年前。

"有一天，我给孩子的母亲打电话，想找小儿子法比安，他喜欢踢足球，我想问他想不想看足球比赛。但是接电话的是大儿子亚历山大，我对他说：'让法比安接电话。'亚历山大很气愤，语气生硬地说：'不关我事，我不叫。'当时，他在准备中学期末考试。我又重复了一遍：'让法比安接电话。'一阵短暂的沉默后，他回答说：'我不管。'随后在电话那头爆粗口。我挂断电话，极其愤怒，立刻套上外衣上了车，准备去教训亚历山大，因为他以前从来没跟我说过脏话。车开到半路，我冷静下来。我想他可能因为考试而恼火，我刚才可能打扰到他复习功课了，或许他也很生气，嫉妒我只关心弟弟。于是我便犹豫起来：是继续去找他算账还是冷静下来。最后我对自己说，大儿子的反应让我无法接受，我不能就这么算了。我到了家里，决定跟他说清楚。我打开房门，径直走到亚历山大的房间。他对我说：‘让我静一静。’我要求他道歉，并拽着他的套头衫让他回话。但是，他气势汹汹地对我说：‘现在我可比你强壮，要是想打架就尽管来。’他的确比我高大。我越发愤怒，步步逼近，而且还凶狠地对他说：‘有种你就试试。’但是，他瘫软下去，流着眼泪，我不知所措。十多年后的今天，我依旧认为我没做错。从这件事以后，我们再也没发生过激烈的矛盾。我觉得大儿子的哭泣让我很受触动，他的痛苦也有所减轻。”

听完这段话，我也赞同他的观点。父母不允许孩子侮辱和威胁自己是符合逻辑的。谁会觉得这位父亲做得不对呢？这个男孩的压力一定很大，他在行动时无法控制自己的情绪。但是，如果他父亲换一种方式，他会有什么感觉？如果我们有压力并感到恼火，我们就可以不受任何限制地辱骂他人吗？这样会让孩子成为一个有责任感的人，一个对自己有信心、为能够控制自己的情绪而感到自豪的人吗？

没有惩罚就没有教育。关键在于怎样使惩罚孩子既不过分又不至于毫无效果。有鉴于此，父母要对自己有信心，应该时刻记得，自己负责养育和爱护孩子，而不只是被孩子爱。我有时觉得，有些父母害怕做错事，也怕做得不好。我认为这些父母应该明白，干预孩子、为孩子规定禁令和限制甚至有时表现得很严厉是正确的做法。

了解惩罚的积极作用，可以让父母更有效地实施惩罚。

为什么惩罚会行之有效？

- “惩罚不是暴力。”惩罚可以向孩子证实禁令的重要性，因为我们早已对孩子提出并解释过不该做什么。惩罚也可以向孩子证实遵守规定的必要性。
- 惩罚有利于孩子的心理健康发展。惩罚和禁令不仅可以管控孩子，还可以因此保护孩子。如果没有限制，孩子就会因自己的冲动和别人对其施加的冲动感到苦恼。
- 惩罚可以让孩子学会考虑别人的反应。
- 孩子应该懂得，家庭的运行机制与他即将融入的社会是相同的。

怎样恰当地实施惩罚？

- 父母应该在孩子明确违反规定时实施惩罚。
- 孩子越小，越应该及时实施惩罚。
- 惩罚必须有时间限制，否则效果会大打折扣。
- 如果父母发自内心地认为这一惩罚是公平的，那么这个惩罚就是恰当的。

• 理性会让您避免实施某些惩罚：威胁小孩子不再爱他，羞辱孩子，报复孩子。例如，“你要敢这样做，我就敢那样对你！”这种方式可能会让孩子做出更加过激的举动，剥夺孩子进行有利于身心发展的活动的权利（运动、文化活动等）。

• 惩罚应该落实为处分。最理想的情况是让孩子改正错误，不再做傻事。如果一个孩子打碎了他被禁止触摸的物品，父母可以要求孩子将碎片捡起来，或者帮助孩子修复这件物品。

• 作为惩罚的结果，父母规定的处罚应该与孩子所犯的错误相适应。您要听孩子解释犯错的原因，跟孩子一起讨论甚至协商。对青少年来说更是如此。您需要探究孩子质疑父母权威的原因。如果您的孩子在凌晨 1 点回家，您就可以与他重新商量下次回家的时间。如果您要求孩子凌晨 1 点回家，但他 6 点才回来，您对孩子就更应该严格加以限制。

• 当孩子成绩不理想时，惩罚会更加棘手。在此，我引用乔治的观点：“如果孩子遇到学习上的困难，例如，成绩不理想、课程没学好等，家长就会加大惩罚力度，但是这样对孩子的成绩不会有任何改善。如果一个学自行车的孩子摔倒，没人会想着惩罚他……与之相反，鼓励和赞扬可以为孩子提供情绪上的激励，有利于孩子的学习。但这并不意味着父母不采取干预措施。鼓励和批评兼而有之，可以让孩子更信任大人，认为大人更公平。”

如果孩子说“不”，父母应该怎么办？

拒绝可以反映出每个人内心真实的想法。孩子说“不”，反抗、大喊，不去做我们要求他们所做的事，这种不遵守规则的态度，能够揭示出孩子确立自我的需求，反映出他们本能的渴望，也会暴露孩子的焦虑。然而，父母是否就可以以自由神圣不可侵犯为名，或者以担心妨碍孩子的发展为由，在孩子抗拒时选择放任？

喜欢说“不”的两岁小女孩

达芙妮两岁，是一个非常讨人喜欢的小女孩。每次说话时，她总会坚定地以“不”开场，会不自觉逗笑父母。当她不喜欢蔬菜泥或是到了午睡时间，或是走过一架很吵的机器时，她就会通过说“不”表示拒绝，这合乎情理。她的妈妈该怎样做呢？在第一种情况下，达芙妮是在表明自己对食物的好恶。在第二种情况下，她可能是在确立自我，也可能是害怕和妈妈分开，还可能是害怕独自睡觉。在第三种情况下，毫无疑问，她因为听到噪音感到烦躁，所以才会说“不”。在不同情况下，她妈妈应该如何展现权威？

违反命令

蒂博 8 岁，正在放假。晚饭后，爸爸妈妈允许他骑一会儿自行车，但是骑行范围不能越过住处所在的小路。问题在于，假期中蒂博认识的朋友住在邻近的另一条街。想和朋友玩的渴望实在太强烈，蒂博便去附近那条街找朋友。他很可能忘了爸爸妈妈的禁令，只想着与新朋友一起骑自行车、玩耍。蒂博的爸爸妈妈应该怎样处理他的过失？

权威的交替

拉斐尔 16 岁。他和其他青少年一样，即使没有做出过挑衅行为，也经历过反抗的阶段。拉斐尔对朋友更容易表现出慷慨、敏感、乐于助人的一面，对父母则不然。他和小妹妹还有母亲一起生活，通过交替监护的方式与父亲见面，但是往往由于彼此的周末活动有冲突，情况变得有些复杂。另一个问题是，尽管父母分居，拉斐尔仍在原来就读的中学继续学业，他可以和学校的朋友保持联系，而朋友家离他的父亲家远一些，离他的母亲家更近。拉斐尔无法经常从父母的交替监护中获得便利，因为父母总是就拉斐尔在对方家中居住的时间长短发生争执。拉斐尔很坚决，有时也会粗暴地捍卫自己的“权利”，就像他说的那样，他要和朋友一起玩耍。因此，交替监护权的问题也就成了权威的交替问题！

拉斐尔的父母是否足够清楚如何行使共同的权威？即实施相同的教育原则，具体而言，能否在为孩子规定的限制方面达成一致？

上述三种情况分别对应人生的三个年龄段，有利于帮助今天的父母明确权威的类型。

权威的三种类型

我们时常会混淆权威和权力，二者有所区别。权威指传递原则、规章制度、法律和模范准则的能力。想象中的普遍权威只需要解释就能让人信服。只需对孩子进行开诚布公的解释，孩子便能理解和领会，父母的权威也因此得以确立，孩子也会将父母的权威内化于心。在成长过程中，父母最好让孩子懂得，在许多情况下，辩论比争吵更有效（当然有些情况除外）。从小孩子喜欢玩的游戏来看，7 岁左右的孩子会希望自己在游戏中扮演老师，他们既要做管理的角色，也会和更小的孩子争论。而在此之前，这些孩子会为明确指挥权而争吵。

这种变化说明，权威不再被视为统治，而是人类发展过程中的一部分。有鉴于此，我们可以区分三种类型的权威：

- 基于传统合法性的权威：“就这样，向来如此。”这种权威是一种至高无上的概念，各种原则都受其支配。如今在社会变革的过程中，这种合法性面临着风险。随着孩子长大，今天的父母很难不跟孩子解释自己做出某种决定的原因。

- 基于理性合法性的权威："这既公平，也合法。"风险在于，在某些人看来公平合法的事，对另一些人来说却不一定如此。当然，无论在家庭内部还是教育领域，大人在行使权威时必须保持一致。

- 基于魅力合法性的权威。这种权威"依靠说服的魅力"，但父母可能有意识或下意识地被孩子操纵。例如，由于潜意识里担心孩子可能不再关心自己、减弱和自己的联系，甚至担心失去孩子的爱，父母很难对孩子说"不"。相较于施展权威，今天的父母在希望孩子听话的同时，更想获得孩子的赞同。例如，父母会客气地对孩子说"请帮我个忙吧"。但风险在于，这种无关痛痒的说法用语言的魅力取代了权威。从表面来看，这样做可能会有效，因为孩子渴望取悦父母，但也会导致孩子想要从父母身上获得回报。与其说这是权威关系，不如说是交易关系。

怎样在孩子面前树立权威？

为了孩子的安全，或者帮孩子规范本能的不合规行为，父母要从孩子很小的时候就立下规矩。法国精神分析师阿尔莫斯曾言："父母时常认为，遵守规则、接受限制与快乐相悖。然而，没有规矩，就不会拥有幸福！如果一个孩子想做什么就做什么，他就会不停地遇到麻烦，总是感到焦虑。”出生不久后，孩子就要开始学习接受限制，但是，10 ~ 12个月，当孩子开始获得活动自主性时，他就必须意识到禁令的存在。

12 ~ 18个月的孩子会根据父母的要求、期待或目光决定自己的行为。前提在于，大人要注意到儿童试图对其作出的回应。如果幼儿缺少与父母的眼神交流，他们就可能会过度尝试和过度探索，并自认为全能，做出危险的越轨行为。在这一阶段，您只需满足孩子的每个需求，帮孩子克服各种挫折，不让孩子处于危险之中。您需清楚的是，禁令不仅会让人感觉到痛苦，它也是产生欲望的根源。

树立权威的不同阶段

- 从18个月起，孩子就会开始频繁拒绝父母，比如不想吃水果，或者拍打自己的小弟弟和小妹妹。面对孩子的抗拒，哪怕父母心里认为小孩子的坚持很有趣，也应该态度坚决。在这种情况下，一旦大人施展权威，他们就可能回忆起自己当年因父母施展权威而感到的痛苦，担心自己变得像父母那样专制。这时，大人要么一言不发，要么态度强硬，但其实他们不太相信自己会那样做，也并不是真的生气。稍微大一些的孩子可能会产生一种不再爱自己父母的感觉，他们可能会说：“我不爱你了，你这个坏妈妈。”

• 3 ～ 6 岁的孩子会进入“俄狄浦斯期”。哪怕孩子早已产生了俄狄浦斯情结，作用于孩子内心的权威仍然会随着行使权威的主体的不同而不同。

• 6 ～ 10 岁时，孩子会将大人的行为同一化，而且会越来越明显，内化为精神分析所称的“超我”。“超我”是一种道德规范，也是罪恶感的来源，此处指“保护性超我”。但要注意是，如果大人以专横的方式施展权威，那么这种对大人行为的同一化就可能在孩子身上内化为某种专横、暴虐的“超我”，孩子会受其支配，做出过激行为。

• 随后是青春期。在这一时期，先前的不同阶段会再次上演，但是孩子会强烈渴望自证，追寻自我身份，享受越轨行为。另外，青少年会借助于群体，将青春期强大的群体特征转变为现实。青少年需要时间让他人认可自己的主体性，但前提是得在自身的象征结构中，也就是父母的身份中彰显自我。

• 在孩子的整个成长过程中，教育的作用是将主体创造出的幻象客体与主体遇到的情况和人物进行比照。

简而言之，我提出如下行使权威的标准：

——对孩子的限制可以少一些，但是要坚决。

——要避免更改既定规则。

——规则必须在任何地方都适用，且人人平等。

——如果孩子说“不”，请不要妥协。

——如果威胁无效，就不要威胁孩子。

——父母要坚定、迅速地回应孩子的暴力和傲慢行为。

——让孩子冷静几分钟。

行使权威可能会失败

作为父母，我们难道不应该行使权威保护孩子，避免让他们失去自己需要的东西吗？行使父母的权威，关键在于如何对孩子的需求以及那些让孩子不快的人或事，保持一种宽容的态度。

众所周知，产生焦虑的主要根源之一，是感到世界非常空虚，令人头晕目眩。例如，无依无靠，没有参照，没有限制。接受权威的前提是接触、参照以及赞同他人，否则权威只会变成潜在的暴力。

无论处在人生的哪个阶段，我们行使权威时都应该当心，不要忽视一直以来潜意识里对全能的渴望。如果不考虑缺失、空虚、放弃、孤独、沉默等人类与生俱来的各种焦虑，家长在行使权威时就可能遭遇失败。

让父母感到棘手的情况

面对生病的孩子

面对生病的孩子，父母不仅应该懂得利用自己所有的长处和力量行使权威，还应该清楚孩子的优缺点以及强弱项。病情越重，父母就越难做到这一点。疾病是一场无法比拟的考验，更是一场可怕的考验。

面对总是喜欢反抗的孩子

在这种情况下，权威的行使要么面向某些具体的个人，要么面向某个群体，这个群体往往持强烈的反抗态度，被理解的愿望在那里几乎难以实现。《放牛班的春天》是一部非常优秀的电影。这部电影向我们展示了主人公如何凭借对寄宿生的关切而让他们的态度有了普遍性的改观，尽管对其中的某一个人丝毫没有产生效果。问题在于，对于后一种情况，我们需要制服孩子，而不是教育孩子。但是，制服者仍然要怀有希望，他不应该忘记，自己从始至终都要尽可能说服和理解孩子。

父母也要根据情况调整自己行使权威的手段。面对对着作业1 小时还一动不动的孩子或者用刀威胁他人的孩子时，父母必须采取不同的措施。

总而言之，权威是一种道德立场，可以给人留下深刻印象或引发罪恶感。权威也可以起到修正、引导和保护作用，能够开辟出一条道路，提出合理的解决办法。诚然，过度约束和过于武断的权威会让人害怕，但是，我们期待找到一种能够保护孩子、允许孩子说和做、让孩子体会到责任感的权威。

第 12 章

学校是否至高无上？

学校往往是父母最关心的话题。您难道不会经常这样问孩子："你今天在学校都做了什么？"当您希望孩子拥有自信时，您是否也这样问过孩子："以后我们应该为你做些什么？"您难道没有这样跟朋友交谈过："我找到了最好的学校，你们知道是哪一所吗？"为了让孩子静下心来投入学习中，您已经精疲力竭，难道您没有在内心深处这样想过："在学校，他会学乖的吧？"为了安慰自己，您是否也曾这样对自己说过："他会喜欢上学的！"

学校不是孩子生活的全部，孩子喜欢上学的理由可能和您认为的有所不同，他们也可能不喜欢上学。有时，孩子在学校不会感到焦虑；有时，学校可能会让孩子产生压力。孩子在某些课程上可能会取得好成绩，也可能会退步。孩子可能喜欢某些老师，也可能讨厌某些老师，这与孩子的成绩好坏有关。总之，正常的孩子都会如此。

“我在找最好的学校”

因为爱，父母会为孩子寻找最好的学校，这很正常。选择标准不仅因人而异，也因孩子的年龄而异。在这一过程中，父母会发现许多问题：选择公立学校还是私立学校？走读还是住宿？选择小班授课还是专业学校？是否要把有智力缺陷的孩子送到特殊学校去？

为了回答以上问题，父母应该像往常那样，把爱、理性和逻辑结合起来。

尽管孩子很小，但理性的父母会让孩子参与到决策当中。让孩子参与决策并不意味着孩子拥有决定权。父母要告诉孩子可能要换学校，提前带孩子参观，让孩子感受学校是否适合他，让孩子有信心。这就是理性的做法。

在逻辑的指引下，父母不应该选择仅仅以成绩出名的学校，也不应该选择离家很远的学校，因为每天乘坐很久的交通工具会让人非常疲劳。

最近，一项针对 16 ~ 30 岁人群的调查证实了仅仅依据成绩选择学校是一种错误的做法。该调查表明，年轻人和父母的观点存在差异。调查提出的问题是“在您看来，实现职业规划成功，最重要的因素是什么？”超过 53% 的年轻人认为是工作和努力，52% 的年轻人认为是动力，23% 的年轻人认为是自信，只有 9% 的人认为是学历，6% 的人认为是毕业院校的知名度。由此可见，在年轻人看来，未来职业生涯的成功标准，与父母普遍认为的标准相去甚远。

这些年轻人的观点是否有道理？诚然，在2009年经济危机期间，法国没有文凭的劳动者失业率激增，而95%的硕士研究生可以找到工作，没有人会对此有异议。对未来的一代人来说，无论是初级培训、职业培训还是传统培训都不可或缺，因为许多人在一生中都会不得已更换工作。有鉴于此，父母忧心孩子的学历问题以及能否继续接受教育都非常正常，但是，上述调查结果似乎也对我们有一定的参考价值。怎样平衡年轻人与父母的观点？应该将实际上不平等的全民教育转变为一种更适合每个人的集体方案，首先要考虑工作、努力、动力以及自信等因素。

学校并不总是对的

如所有的关系一样，家长和学校之间的关系也是基于相互的理解。

孩子跟不上学校的课程

老师刚刚通知您，说您的孩子跟不上学校的课程。问题不在于孩子的表现和纪律，而在于学习能力。老师面对的是一群孩子，而不是个别孩子。难道您的孩子真的有学习困难吗？是否有可能是您的孩子在班里年龄最小，刚转学过来？或者可能是从教育体系与本国完全不同的国外归来？或者是去年就已经学习落后了呢？有一点可以肯定的是，每个孩子都具备学习能力，只是节奏不同而已。您孩子的学习节奏或许有别于学校教学的平均节奏。经过 50 多年的调查研究，如今我们发现，与身体发育一样，孩子的“认知”与“智力”发展也是渐进的、持续的。

孩子应该留级吗？

如果学校通知家长，孩子需要留级，家长多半会产生疑惑。难道留级就是行之有效的做法吗？家长一定要听从老师的建议吗？作为家长，我们需要知道的是，只有在某些特殊的情况下，老师才能提出留级建议。

老师也并不总是赞同孩子留级。有些老师认为，让一个基础不够好的学生升入下一学年，学生更会产生学习上的困难；也有些老师认为，如果老师无法调整教学方式让孩子在留级时跟上学习进度，那么留级就没什么用；还有些老师认为，如果孩子因为某些特殊原因或某些具体问题复读一年，那么留级也许并不是理想的办法，例如，有老师曾让几名有轻微阅读障碍的学生从一年级升入二年级而不是留级。在他看来，如果这些孩子去看言语治疗师并使问题得到解决，他们就会跟上学习进度。

许多老师指出，留级的效果取决于学生自身的情况。如果孩子留级的原因是不够成熟，那么留级就可能是孩子的第二次机会，能够重新学习上一年没学好的知识。

正如我们看到的那样，每个孩子都是独一无二的，父母是最有权考虑孩子差异性的人。一个聪明但缺乏自信的孩子可能会在某一学年遭遇学习上的困难。父母的目标是让孩子获得自信，而不是让孩子留级。一项针对 4000 名小学一年级孩子展开的调查显示，留级的孩子会失去自尊。

在这一方面，我们要质疑的是法国的教育体系，而不是教师。在法国，父母总是认为留级是孩子的第二次机会。在北欧国家，每个年龄段的孩子对应一种教学水平和教学计划，这种教育理念同样遭到强烈质疑。一旦出现问题，教师就会对学生进行个体跟踪。在美国和加拿大，教师在某些时候会根据班级里学生的水平，将其分为不同的小组。当然，法国的留级现象近年来已经大大减少。如今，毕业班中按时毕业的学生比例为 60%，而 2004 年则是 50%，1990 年约为 30%。然而，经济合作与发展组织于 2011 年 7 月展开的一项调查表明，法国在世界留级率最高的国家中位列第 5 位，这说明留级仍然是法国解决学生学习困难的主要方式。就 15 岁的学生而言，在法国，至少留级过一次的学生占比为 38%，英国为 2.2%，丹麦为 4.4%，美国为 14.2%。上述种种都表明，虽然父母应该认真考虑老师的建议，但也不应该过于服从。

重要的是，父母始终都要让孩子认识到产生学习困难的后果，而不是将留级作为最终的解决办法。例如，可以告诉孩子，如果学习困难，可能会失去原来的朋友；“不好好学习是要留级的”。只有当孩子理解了留级的意义，留级才会有效果。这时，留级能为孩子提供一次重新学习的机会。否则，孩子要么会将留级视为一种困难，要么会将留级视为一种惩罚，这样做只会让孩子失去自信。

“教师不再拥有足够的权威了吗？”

一方面，家长理所应当地希望孩子尊重老师，想让老师倾其所有，教会孩子与其年龄相适应的知识；另一方面，老师也会抱怨，在尊重大人，尤其是尊重老师这一方面，有些家长并不能起到良好的表率作用。在对教师展开培训时，许多老师总会向我们倾诉他们的经历，他们抱怨家长无法让孩子懂得充分尊重大人，特别是尊重老师。

最近几年，我也了解到，有些老师会因家长投诉他们体罚孩子感到震惊。当然，双方从各自的角度出发，都各有道理。这说明，法国老师和家长的合作并不充分，双方需要找到恰当的合作方式。正如法国国家医学科学院教授莫里斯·蒂比亚纳提议的那样，如果缩短孩子每天的在校时长，但是增加在校天数，家长和老师的关系或许可以得到改善。蒂比亚纳坦言，这样做也会让学生不那么疲惫和紧张，尤其对于天赋不太出众的孩子，或者在家里无法得到父母帮助的孩子，这种做法既不会让他们感到吃力，也不会超出他们的能力范围。

学校里权威缺失是当代社会面临的一个问题。从《死亡诗社》到《放牛班的春天》，再到《课室风云》，现代电影向我们展示了不同层面的教学与教育的关系问题。劳伦·冈泰执导的电影《课室风云》引发了观众对学校，特别是中学权威地位的反思，尤其值得注意。这部电影提出的核心问题是，在教学关系中，信任是不可或缺的因素，但是行使权威也要以保持距离为前提。怎样在二者之间寻得平衡？如果二者的间距过近，班级就会脱离学校的范围，老师的个人生活会在学生面前暴露无遗，学生终究会不尊敬老师。这么做的风险是，老师会被个人情感淹没，只能求助于第三方，即依照学校纪律委员会的规定处理。而如果二者的间距被拉开，就会过于遥远，老师和学生之间的关系就会中断。在这种情况下，权威就会显得更有距离感，流于形式，甚至不公平。《课室风云》的背后或许隐藏着一个具有哲理性的问题：获取知识以自由为前提，还是自由以获取知识为前提？

发生校园暴力时，学校应该怎么做？在社区中，53%的小学生和中学生都曾在学校遭遇过凌辱、嘲笑、身体暴力、性侵或被勒索过零花钱。在他们当中，35.9%的学生在上学前声称自己肚子疼，害怕去学校。我们都能注意到，暴力行径在各类校园中有普遍化的趋势。一些老师因此创立了谈话工作室，让学生就打架斗殴说出自己的看法并寻找解决办法。但是，应该承认的是，学校管理人员往往对校园暴力置之不理，大人时常也无能为力。对校园暴力保持沉默或置之不理，让情况变得更加棘手。家长在对校园暴力现象展开分析时，也并不总是对的，学校也是如此。

“我在寻找一所适合孩子的学校”

每位家长都希望学校能够考虑到自家孩子的性格、能力、困难，从而因材施教。这当然是不现实的。我们开办越来越多以教授技术为主的初高中、小班授课学校、针对严重学习困难的孩子的学校以及体育和艺术专门学校。虽然我们的学校系统已经得到极大改善，但是，在面对社会变化时，我们仍然缺乏开放精神。

家长要求学校从小学起开设语言、科学、技术等实践课程，希望学校成立以计算机技术为依托的学习工作坊，自有他们的道理。家长抱怨所有科目的教学过于理论化，也并没有错。另外，家长希望学校能够增加体育和艺术的教育也是对的，因为许多国家都在促进文艺体育教学。体育能让人品尝到努力的成果，感受到团队的责任，学习艺术能够丰富人的精神世界。在发达国家中，法国孩子在艺术和体育方面花费的时间最少。

孩子也需要在家庭中学习

最后一点是，学校并非孩子生活的全部。我们的观点基于以下认识：孩子的学习始于家庭，家庭是学习和传授知识的重要场所。对于许多领域来说，家庭学习都是孩子快乐与探索的源泉。博物馆和某些剧院也可以证实这一点。相关负责人在活动当中融入想象力，接待前来参观游玩的家庭，让家庭成员在娱乐中学习。能力不正是从“一起做”以及交流做法当中获得的吗？

家长总是抱怨：“我家孩子学习没有动力。”相较于责备孩子缺乏动力的做法，家长是否清楚，自己可以通过游戏、与孩子一起观看媒体评论、游览参观或阅读等更有效的方式激励孩子？决定储存和理解信息的能力不是“动力”，而是“近似的主题”。换言之，没有先验知识就没有能力，没有最基本的文化常识，孩子就不会对学校教授的主要科目感兴趣。我们掌握的知识越多，哪怕只是基础知识，我们积累知识的速度就越快。

脑功能专家、哈佛大学认知心理学教授丹尼尔·T. 威林厄姆指出，家长能够教给孩子的基本常识是激发孩子学习动力的关键。他的结论来自有关“工作记忆”的研究，因为工作记忆会调取存储在长期记忆中的信息资源。换句话说，这位教授告诉我们的道理是，我们会更容易记住那些我们已经掌握了某些相关概念的文章，却很容易忘记某个新领域的知识，因此不得不重新阅读，反复记忆。威林厄姆举例说，美国黑奴在少数废奴主义者的帮助下逃往北方，但是被迫以饼干为食。一位老师为了让学生理解美国黑奴的境遇，让学生用面粉和水制作同样的饼干。由于学生们对制作饼干的配方非常感兴趣，所以他们记忆相关的历史知识也会更加轻松。

今天，还在上学的孩子也可能成为知识的传授者。一项研究表明，在 40 ~ 60 岁的中老年群体中，有 2/3 的老年人会让孩子或孙子、孙女帮忙处理电脑问题。在法国，老师很少会向学生寻求建议或获取知识。与父母相比，祖父母有时拥有更多空闲时间，可以带孩子去剧院、看展览、看电影、陪孩子边散步边聊天。我在后文也会指出祖父母的作用。这些活动都不紧迫，不急于直接取得成效，可以让孩子在轻松的过程中跟祖父母学会知识。多年来，“欧洲祖父母学校”成功组织了许多活动。在活动当中，祖父母可以和自己的孙子、孙女一起出游或者参加工作坊。在大人的帮助下，小孩子可以制作一件能够带走的物品。对孩子而言，父母或祖父母的这种教育形式不具备学校教育的强制性，有利于为孩子和大人提供舒适的交流时光。

第三部分

让孩子拥有美好未来的三种美德

丰富的职业经验和生活经验都告诉我：
要爱自己的父母，显然父母无私地爱着我们。
这是良好的教养、责任感和获得成功的基础。

第 13 章

自信让生活充满活力

哪个父母一想到或说出“我女儿最完美”“我儿子最棒”时，不会喜笑颜开呢？所有的父母都希望孩子是完美的，但其实他们知道，完美的孩子是不存在的（好在他们明白这个道理）。在某个阶段或某个特定情况下，父母确实会因为看到孩子的出色表现，从而说出类似的话。但是大多数时候，父母并不会这么想。没有完美的孩子，也没有完美的父母。

同样，恐怕没有哪个父母希望孩子是缺乏自信、没有责任感、不懂礼貌、不诚实、不尊重他人、缺乏道德准则的。自信、责任感与良好的教养是三种基本美德，所有爱孩子的父母都想让孩子尽可能拥有美好的未来，都希望将这三种美德传承给下一代。

哪个父母会否认，当自己在年少时期差点走弯路，就在即将跨过那条可能让自己触犯社会规则的黄线时，是父母传授的价值观与道德理念使自己成功避免误入歧途呢？因而，时至今日，我们对父母仍心存感激。如今我们都已成年，我们很清楚地知道，想要长期维护自尊并获得他人的尊重，就要在实际行动与态度中展现出自己的教养与责任感。我们还知道，确立自我和实现目标的愿望取决于自尊，也就是精神分析理论中的“自我理想”。这一细微的内在人格会促使自己完成计划，让自己有信心实现目标。

著名作曲家、作家艾克托尔·柏辽兹就是个很好的例子，他写给家人的信中从头至尾都印证了上述观点。比起学习医学，这个小伙子更喜欢音乐，因而遭到父母的严厉责备。然而，作为儿子，他仍然想让父母骄傲，特别是母亲。1830 年 8 月 23 日，刚刚获得罗马大奖的他在信中这样写道：“亲爱的妈妈，我很高兴能够告诉您，我终于赢得了这个著名的奖项。这份荣誉属于我……要是我的成功让我亲爱的妈妈、优秀的爸爸还有我的好姐妹们感到哪怕些许快乐，那么我也会无比愉悦。”

取悦父母的渴望会让孩子最大限度建立起自己的最佳形象，但这种渴望是如何形成的呢？精神分析理论为我们提供了一种清晰合理的解释：“人投射出的理想形象是童年时期丢失的自恋。在童年时期，人就有自己的理想形象。”没有人会质疑孩子的这种渴望，因为我们都曾见过儿童玩扮演骑士或公主的游戏。如果不是因为孩子感受到父母，尤其是母亲的爱与欣赏，我们无法想象一个孩子如何能够构建出自己的理想形象。也就是说，父母的爱与对孩子自恋性期待的投射充分内化，共同构成了孩子“自我理想”的基础。

母亲总是希望女孩成为“自己理想中的自我”，女孩首先会将母亲的“自我理想”内化，进而产生对父亲爱的渴望。对男孩而言，母亲通常会说：“如果你愿意成为我期待的样子，我就会更加爱你。”父亲则会说：“如果你成为那样的人，我就会为你骄傲。”男孩会以自己的方式回应父母的上述两种期望。因此，我们不难理解，如果女孩有一个毫无个人理想的母亲或冷漠的父亲，男孩有一个缺少爱的母亲或对教育不管不顾的父亲，都会有碍孩子自尊的形成。

丰富的职业经验和生活经验都告诉我：要爱自己的父母，因为父母无私地爱着我们。这是良好的教养、责任感和获得成功的基础。大多数父母都希望迎接这一挑战，但是这并不容易。需要持续的专注和努力，要对抗工作一整天后的疲惫，还要在忍受那些头脑简单的人对您指手画脚之后，抑制住可能因此产生的不快。请不要拒绝他人的帮助，也不要对别人感到不快。他人的力量会助您一臂之力。如果这样做符合您对孩子教育的期望，您就可以让别人帮助自己，或者主动接受别人的帮助。

都是你的错

新学期即将开始，阿德里安的家长希望我能见一见他们的孩子。这一学年很重要，孩子即将面临会考。阿德里安是个聪明且敏感的男孩，对父母十分尊重。即便如此，在我们谈话的过程中，阿德里安还是认为自己学习上的困难是因为缺少父母的陪伴造成的。他埋怨父亲“对自己做的事情根本不感兴趣”，又责怪母亲“竟然找人来教育自己”。毫无疑问，他对父母的责备是在为自己学习的问题开脱。

他的父母也很聪明，觉察能力较强。但是，他们承认自己为工作和生活奔忙，无法给予儿子足够的陪伴。因此，他们找到我，希望我能施以援手。在一个陌生人面前，阿德里安能够认真地“责备”自己的父母，而私下里却只能以跟父母吵架的形式直接发泄。表达出对父母的不满后，阿德里安和父母对彼此的态度都发生了转变。阿德里安说出了他在学习上的困难，父母则认真听取了儿子的意见，并在我这个中间人面前承诺，这一年要陪伴自己的儿子，在希望儿子取得好成绩的同时也会给予儿子更多的关心。我们明确达成约定，阿德里安承诺不再与父母吵架，而父母也会更爱儿子，彼此妥协。

培养孩子的自信

我总会接待一些可怜的父母，他们前来咨询，向我倾诉“孩子没有主见”“孩子太容易被别人苛待”“孩子没有自信”。这时，我就会先询问：为了培养孩子的自信，他们都做了什么？这些父母无法脱口而出，答案不言自明。在这个竞争激烈的世界里，我们总是想得到更多，更看重即时的结果，却轻视努力的过程。然而，至关重要的是，只有转变观念，我们才能帮助孩子建立自信。

父母很容易便会想到孩子缺乏自信的原因。我总是听一些父母愧疚地说："是不是我们对孩子的学业要求过高了？"或者说："我像孩子那么大的时候也缺乏自信。"焦虑的父母，只要不是太严重，其实也有希望培养出自信的孩子！众所周知，自信大有裨益。所有父母都有权让孩子拥有自信，因为自信会让孩子快乐，帮助孩子顺利完成学业，让孩子有勇气应对他人的苛待，让孩子更有主见，还能让孩子更加坚定地抵御来自外界的诱惑。

我曾听某些家长给出过这样的理由，比如，"孩子太小""老师太严厉，让孩子害怕"或者"孩子小时候生过病"等，他们认为这些可能是孩子不自信的根源。

温柔的目光

我们通常认为孩子的自信是在他人的目光中形成的，这一点完全正确。但是对于孩子来说，他们首先接触到的是父母的目光。在成长的过程中，他人的目光才会逐渐变成自我评价。

大家都会同意这一观点："我认为我就是你眼中的样子。"这句话有些复杂，却非常有道理。虽然孩子不会这样表达，但是他们也会感同身受。孩子首先会审视父母的目光，并有意地在其中寻找两个问题的答案。其一，"爸爸妈妈会认为我有能力面对挫折、失落、焦虑、恐惧和生活中的考验吗，即是否认为我能做好他们要求我做的事？”其二，“爸爸妈妈会认为我有自信吗，即我是否会积极地预见我的成功，从而敢于行动？”

18～20个月的幼儿会开始主动握住母亲手中的勺子吃辅食，这一举动是幼儿希望获得自主性的表现。这时，父亲或母亲会对幼儿投以信任的目光。当孩子5岁第一次骑不带辅助轮的自行车，也没有人引领他前进时，父母便会对孩子投以审视的目光。孩子会觉得父母的这种态度具有双重意义，要么是鼓励自己继续前进，要么是担心自己会从车上摔下来。

入学后，学校就成了孩子建立自信的主要场所。如果老师和家长对孩子有信心，孩子在学校就会获得支持感。我坚信：如果老师和父母都对孩子有信心，孩子就会拥有自信。

青春期是孩子至关重要的阶段，处于青春期的孩子会面临许多“第一次”并尝试冒险。这一阶段的孩子势必会遇到许多危险，父母需要与内心的忧虑对抗，让孩子在尽可能少犯错误的前提下，多去尝试。

正因如此，我建议所有的父母首先牢记这句话：“孩子会在母亲和父亲的目光中获得大部分自信。”

那么，怎样让您的孩子认为您相信他呢？可以用如下三种方式：首先源自您对孩子的爱，其次源自理性，最后源自逻辑。

爱在自信中的作用

谁会怀疑他人的爱会让我们拥有自信呢？这一点恋人们再明白不过了。来自他人的爱，特别是爱人对我们的爱，仿佛有移山的力量。从婴儿时期开始，孩子就通过来自父母的爱获得自信。当孩子在父母温柔且鼓励的目光下开始探索周围的世界时，我们就可以观察到这一点。

父母的爱会让孩子拥有自信的能力，这种能力会在孩子首次离开父母的时候得以展现。如果您对幼儿园充满期待并满怀信心，认为孩子能够很好地适应幼儿园的生活，那么您的孩子就会足够自信，更容易适应幼儿园的生活。您有权对孩子即将面临新环境感到担忧，但是如果您内心清楚地知道，探索世界对孩子有帮助，您就会潜移默化地将建立自信的可能性传递给孩子。通过建立深厚的情感联系，允许孩子离开自己，激发孩子探索世界的渴望，您会为孩子的自信奠定基础。

理性在自信中的作用

要想让孩子自信，理性的言语鼓励也很有用。做法非常简单，一有机会就鼓励孩子：要鼓励孩子的进步，正视但不要高估，我们此前说过这一点。大家都知道，对于孩子来说，当下和未来的自信的源泉都是父母在日常生活中给予的快乐和鼓励。

不幸的是，许多父母的做法恰恰相反。他们更关注孩子的缺点，更在乎孩子的失败和没有做成的事，更关注他们认为孩子应该做的事，而不是发现孩子的长处。当孩子放学回家，拿出写有老师评语的作业本时，请您不要立刻关注孩子的成绩是否下降或是很糟糕，也不要首先关注老师的负面评价，而是应该理性看待孩子做了什么努力。您要控制自己的悲观情绪，您应该非常清楚悲观已经让您吃尽了苦头。您爱自己的孩子，肯定希望孩子不要那样。

安托万和加斯帕是堂兄弟，他们同样是 8 岁，一起在花园里玩耍，他们的父亲在一旁监护。安托万想跟堂弟踢足球，加斯帕手握爸爸给他的球拍，希望打网球。据此可能产生三种态度：

- 两位父亲不想袒护任何一方，让孩子们冒着争吵的危险自己决定踢足球还是打网球。两位父亲的态度有些放任。
- 加斯帕的父亲批评自己的儿子说："你总是害怕踢足球，怕被球砸到……你起码得试着玩一玩。"安托万的父亲埋怨自己的儿子说："你只会踢足球，你得试着做些别的运动。"
- 安托万的父亲积极向上，尝试着将这一特质传递给儿子，他对儿子说："真不错。我知道你喜欢足球，也踢得很好，加斯帕的网球肯定也打得很棒。这样一来，你们就可以互相学习对方最擅长的运动了。接下来，我们从哪项运动先开始呢？"如果加斯帕的父亲为了让儿子有信心，也持同样态度，那就再好不过了。在不给孩子压力的前提下鼓励孩子去做自己想做的事，让孩子在自己和他人的目光中体味到成功，与孩子讨论他成功的“小秘密”，这都会让孩子直面恐惧，愿意尝试新的冒险活动。

要记住，表扬孩子、不高估孩子与批评并不矛盾。孩子表现出色时，家长需要赞美，以便孩子能够再接再厉；孩子犯错时，家长需要批评和责备，以便帮助孩子改正错误。

逻辑在自信中的作用

帮助孩子建立自信，可以分为三种情况，其中第三种源自近五十年的心理学研究成果。

第一种情况：如果孩子在面对外部世界的危险时，懂得成功保护自己，或者敢于直面自己的焦虑，那么孩子就会越来越自信。

从儿时起，我们每个人就拥有不同的个性、心理以及行为潜能，它们会帮助我们克服生活中的困难。这些“内在力量”是我们内心真正的武器，只是某些力量的作用更加突出罢了。父母有责任弄清楚这些内在力量，在儿童时期和青春期是如何逐渐形成的，也有责任掌握它们的所有类型。这样一来，当孩子在不同的生活环境中面对危险时，父母才能教会孩子如何尽其所能去战胜危险。例如，孩子会抱怨同学不和自己一起玩，他会因此难过，您会觉得他时常感到丢脸。孩子为了应对不适的感觉，会采取心理防御机制。他可能会否认想和同学一起玩的渴望（比如对您说："我才不在乎，我不想和他们玩。"），可能会把恐惧和攻击性投射给他人（孩子会说："那是因为他们害怕我比他们玩得好。"），也可能会同一化自己的行为（孩子会说："班里的好学生不玩这种游戏。"），还可能会自我升华（孩子会说："他们的游戏太蠢了，我更喜欢看书。"）。

我们现在明白，孩子利用这些心理防御机制是为了让自己感觉更强大。它们形成于儿童时期的不同阶段，会随着年龄的增加逐渐减弱。心理学家仔细研究过如下三种心理防御机制。

- 否认，即下意识地不承认发生或感觉到的事情，这是孩子最常见的心理防御机制。这种心理防御机制仅仅否认某种思想、情感和感受，会让人下意识选择忽视经历过的事情，保护自己不受所遇之事影响。这一防御机制从孩子很小的时候就开始显现，是孩子将注意力从外部世界收回的结果，会让孩子远离危险。婴儿很早就会通过熟睡来展现这种退缩的能力。他们无法忍受等待食物和爱抚的压力，因此会在心理上拒绝这种压力。在 1 ～ 6 岁的儿童中，退缩和否认的主要表现形式是由无法实现的愿望引起的焦虑，10 岁以后这种退缩则很少出现，但通常不会消失。当孩子进入青春期后，这一心理防御机制会再次变得相当强烈。
- 投射，即促使孩子拒绝侵略和焦虑的情感或想法，并将其归咎给他人的心理状态（孩子会找借口说“不是我，是别人”），孩子通常在犯错时使用该心理防御机制。它在儿童习得语言的时候逐渐形成，直到青春期结束才会减弱。

- 同一化，始于模仿心理，并在整个儿童时期和青春期逐渐增强。当孩子更加独立时，这种心理防御机制也会变弱。从儿童期到青春期，孩子会逐渐拥有从期待到求助于他人、从幽默到压抑、从沉浸在幻想之中到逃避等各种人类心理防御机制（已知有27种之多）。

因此，父母可以从孩子身上识别它们，教孩子如何利用对自己有利的心理防御机制，用尽可能舒服的方式缓解压力，让孩子在人际关系中感到更加自如和友善。父母有必要在孩子懂事的年龄教会孩子这么做。您要以身作则，当他人让您感到不快，甚至激怒您时，相较于言语和肢体攻击，最佳选择是用幽默的方式回应对方。幽默的态度会化解攻击性，言语或肢体攻击则会通过镜像效应加重攻击性。您可以陪孩子做游戏或运动，让孩子意识到，比起被动并总是积极等待要发生的事，最好能够预测别人需要做什么以及伙伴或对手将要做什么。在真正为他人着想的前提下，孩子也最好要懂得借助他人的力量帮助自己或别人，而不是自我封闭、自我孤立。您也可以用更具体的方式，如果可能的话，用更具趣味性的方式，教孩子用更恰当的方法面对让他担心的情况。这样一来，通过向孩子展示或询问孩子的做法，您就会让孩子发现自己成功的秘密。因此，您将会再次给予孩子自信。

第二种情况：对于不知道如何提高孩子自信的父母来说，可以通过积极的价值判断评估孩子的品性（“你很勇敢”“你很聪明”“你很大方”“你很热心”等）或评估孩子的能力与表现（“你解决了和同学之间的问题”“你的幽默把朋友逗笑了”等等），父母应该在两者之间寻求平衡。

您可以偶尔夸孩子聪明，但要经常夸奖孩子所做的努力，称赞孩子理解了问题，并给出了正确答案。这样做比学校教育的作用更大，孩子将会受益一生。您可以把这种态度与前一种态度联系起来。例如，您的孩子正值青春期，某个爱挑事的同学质疑他的智商，您可以幽默地对孩子说：“你知道爱因斯坦说过‘有两种东西是无限的，一种是宇宙，另一种是人类的愚蠢’吗？”

第三种情况：孩子在父母交代的任务中展现出责任意识。有时候，孩子本可以轻松地推卸责任，只考虑自己的利益。但是责任意识让孩子为自己感到骄傲，因此会增强他的自信。由此可见，自信与责任感息息相关。

让孩子从很小的时候就逐渐拥有责任感有利于培养自信，相反，自信也有利于培养孩子的责任感。鉴于此，您的重视尤为重要，特别要重视孩子的学习。

但是，一般来说，要让孩子在生活中学会自我肯定，这样才能让孩子远离怀疑。哪怕一个孩子再有天分，只要他过于自我怀疑，都会产生学习上的困难。一旦孩子觉得自己遭到评判，便会丧失各方面的能力，并在社会关系中感到不适。于是，一种恶性循环便产生了。孩子可能会直接或间接地说："我没有自信，我做不到，我对手头的事和要做的事没有责任感。我不会取悦自己，也不会让父母高兴。我不是个令人满意的小孩，我有很多不尊重自己的理由。我唯一能做的，就是逃避我应该负责的事情。"

有责任感的孩子值得信赖，也会更自信。那么，应该如何培养孩子的责任感呢？

第 14 章

责任感让孩子更加自信

自我发展的过程中缺乏责任感，是否已经成为当代教育消极的一面？法国 IFOP 民意调查机构曾对 16 ～ 30 岁的年轻人展开调查，结果出乎意料：绝大多数年轻人（76%）对自己的未来充满信心，却对法国社会的未来信心不足（35%）。这种情况不仅仅发生在法国。现代社会可能在向我们传递这样的负面信息：人们不再对自己的命运负责，从而不再有责任感，不想去承担责任。调查显示，实际上只有 12% 的年轻人认为，想要事业有成，首先要承担责任。

然而，让孩子拥有责任感与孩子乐于承担责任的态度有关，您可以从小培养孩子对承担责任的渴望。父母肯定发现，当孩子执行一项任务，肩负责任时，他会感到自豪、愉悦和自由。这种责任会让孩子获得自信。

美国音乐家雷・查尔斯 7 岁失明，他的生平被改编成电影，有家长可能看过电影中的一幕：小查尔斯撞到客厅里的家具，摔倒在地，慌乱地呼喊着母亲的名字。母亲离他很近，却沉着冷静，没有将他扶起，而是满怀爱意，保持理性和逻辑，让儿子自己想办法。因为，母亲很清楚，自己不会永远陪在儿子身边。

责任感应该从小培养

某些父母会说“孩子太小，不懂什么是责任”“孩子承担责任的时候还早着呢”“我不想让孩子有罪恶感”。这些父母的观点有待商榷。请不要忘记，小时候父母让您第一次自己出门买法棍面包时，您在担心之余肯定为自己感到骄傲吧。

培养孩子的独立与责任感需要循序渐进。诚然，告诉一个孩子“要有责任感”会让他有些难以理解，因此不能只说不做。对一个孩子而言，所有场合都是获得经验的绝佳机会。在孩子很小的时候，您就可以利用日常生活的各种情景教育孩子，让孩子体会责任感。应该怎样让孩子在很小的时候就对责任感有所体会呢?

- 让孩子独立完成一些小任务，尽管结果可能有些不尽如人意。当 18 ～ 24 个月的孩子逐渐可以独立行走时，您可以先陪着孩子，然后离开一段距离，让孩子小心地把餐具、盘子或杯子放回厨房，或是让孩子整理玩具，放回原位。如果孩子不小心打碎了盘子、把杯子里残留的水倒在地上或者自己在浴室洗手时把水溅得到处都是，也不要惩罚孩子。请您安慰孩子，告诉他所有人都会犯错。如果孩子下次还想做，您可以继续陪他做。

- 如果您觉得孩子能够自己解决问题，就请不要急于替孩子处理。

- 不要担心孩子出错。对孩子而言，解决问题是一次学习怎样在正确的言行与糟糕的结果之间做出选择的机会。尝试肯定会犯错。如果一个孩子觉得事情很容易，主动表现出责任感，说或做了他本不应该说和做的事，请您不要打击和责备孩子。孩子会失望和难过，您要同情孩子。您要表现出歉意，用爱去解决问题，承担后果。通过这种方式，您就可以教孩子下次如何做得更好或做出合适的选择，而不会让孩子丧失对承担责任的渴望。

孩子很小的时候就可以学会承担责任。孩子两岁时，您可以让他自己吃饭，尽量偶尔让孩子照顾刚会走路的小弟弟，等孩子再大一些，还可以让他自己把房间整理得干干净净。任何生活中的小细节都可以让孩子学会承担责任。但是，您要让孩子懂得这些是他要承担的责任，而不是需要执行的命令。上述方法有利于让孩子懂得什么是责任，可以让孩子在未来的成长中更加务实，防止孩子完全缺乏责任感。拥有责任感会让孩子远离青春期的主要危险，如成瘾性。

让孩子尽早拥有责任感会对孩子以后的发展乃至进入青春期

都大有裨益。请看以下几个具体的案例：

“准备好去上学”

正如前文所言，责任感要从孩子很小的时候就开始培养，而且要基于生活中的具体情境。相信这一原则的父母会在未来获得回报。举个具体的例子，我经常听有些父母说：“我得尽量帮孩子穿好衣服。”“孩子根本没法按时到校。”“孩子每天早上都拖拖拉拉。”对每个人来说，早上的时间都很有限，需要按部就班，充分了解彼此的需求。永远不要急于在早上教孩子承担对自己和他人的责任，也不要在早上让孩子懂得您作为父母的责任。

父母的爱会帮助起床困难的孩子（特别是由于睡不好而经常起床困难的孩子），因为孩子会害怕上学，或者生性慢慢吞吞。如果您换位思考，表现出难过而不是愤怒，孩子就会更好地感受到您对他的爱。

您通过理性思考必定会懂得，如果父母每天早上代替孩子做到准时上学，那么孩子就没有任何理由对自己的行为负责。

通过逻辑分析，您首先要清楚地向孩子阐明，在这种具体情境中，孩子和父母分别有什么责任。每个父母都应该花时间跟孩子谈谈，帮助孩子确定起床时间，明确闹钟响铃的时间，确定早上各项事情的顺序，如上厕所、刷牙、洗脸、为孩子选择衣服、穿衣服（在父母替孩子做决定的年龄）、吃父母或孩子自己准备的早饭，最后清点上学需要带的东西（作业本、课本，如有需要还有零花钱）。

这是儿童发展心理学中的一个重要范例，会让儿童获得将目标与实现目标的行动计划连接起来的能力。在这个例子中，目标是准时上学，行动计划在孩子起床后开始生效。遵循固定且恰当的行动计划有利于培养孩子的责任感。父母要懂得如何让孩子对看似微不足道的事情负责，并且明白是否需要提醒孩子，逻辑清晰地告诉孩子只有他自己才会为他的态度付出代价。但是，也不要忘记告诉孩子，人无完人，如果某天他迟到了，他就会明白迟到造成的后果。例如，他的迟到会导致父母很难准时上班，老师会对他产生某种负面印象，他也不能在课前和朋友聊天。

互联网时代，如何培养孩子的责任感

让孩子从小拥有责任感，另一个绕不过去的话题是孩子从小在电子产品上花费的时间。现在的孩子两岁就开始看手机，4 岁就开始玩游戏，6 岁就会上网，8 岁就能使用电脑。

儿童总是渴望模仿大孩子的行为。在玩耍的过程中，小孩子会追着大孩子跑。父母都喜欢看到自己的小孩模仿大孩子。哪个母亲在看到小女儿故意撒娇时不会喜笑颜开呢？哪个父亲在看到自己的小孩跟大孩子踢球并且踢得不赖时不会感到自豪呢？服装商人、银行工作人员和玩具制造商都十分清楚这个道理，他们试图用最初为大孩子设计的产品努力建立客户忠诚度，吸引小孩子的注意力。如果小孩子喜欢模仿大孩子的行为，那么对父母来说，当刚刚步入青春期的孩子想要像大孩子那样随意外出玩耍时，问题就会变得棘手。在这种情况下，矛盾可能会激化，因为在这一特殊时期，小孩子将不再认为年龄的差异是父母限制自己外出的条件……

但是，如今无论儿童还是青少年都想拥有高科技玩具，这一问题无法回避：孩子们想拥有 3D 游戏机，想玩电脑游戏，还想要和父母一样的智能手机。在英国，一项名为“欧洲上网儿童”的研究表明，在 6 ～ 9 岁的欧洲儿童中，33% 的儿童会使用智能手机上网。如今，专门为 2 ～ 4 岁儿童设计的造型手机已经出现，智能手机很可能成为孩子的出生礼物！

我们要明白，电子游戏和其他游戏一样，从某种程度上都有利于开发孩子的智力，促进孩子的社会化。

使用互联网会给儿童带来许多危害。“欧洲上网儿童”研究指出以下人尽皆知的问题：色情、骚扰、接收带有性暗示的消息、与陌生人接触、会见网友、阅读危险信息、个人信息泄露等。电脑和手机已经成为大众使用网络的工具。我们担忧的是，电子产品使用不当会对孩子造成危害，比较具有代表性的危害就是网瘾。互联网上的大量信息会扰乱我们的思考能力，打断大脑的思考进程，让我们记忆过多的信息。有鉴于此，要想让孩子有责任感，父母必须监督孩子上网。如果父母与孩子沟通，监督孩子对新媒体设备的使用，例如，向孩子说明手机的智能功用、查看手机下载的应用软件，那么互联网的危险就会转变成益处，有时甚至会变成亲子的共同乐趣。

孩子到了青春期后，问题会变得更加突出，因为青少年总是寻求独立，喜欢冒险和反抗。另外，青少年受到“性”与暴力冲动的驱使，会寻找发泄对象。例如，如今网络上充斥着大量色情短信，许多青少年用智能手机互相发送裸照，人数远比父母想象的多。此外，还有一部分青少年喜欢打架斗殴，录下对他人拳脚相加的过程，随后在网络上传播或分享。如今，在孩子青春期这一阶段，网络和电子游戏成瘾是最主要的危险。

如果说使用新产品是现代社会不可扭转的趋势，那么有些人则认为网络成瘾将会是21世纪的“世纪病”。置身于充满危险的现代世界，我们束手无策。我们是哀叹现代社会正在把孩子变成“白痴的一代”，还是怀念“从前更美好的生活”呢？相比之下，我们起初玩跳房子、弹珠和抓羊拐游戏，后来在电视上看《多萝茜俱乐部》的确更安全，但是，我们可能无法获取更多信息。

难道用爱、逻辑和理性，让孩子从很小的时候就意识到使用多媒体产品的风险，不是一种更好的办法吗？

渴望孩子幸福并拥有责任感，希望用逻辑和理性的方式处理这一问题的父母，具体应该怎样做呢？

在爱的驱使下，父母会主动给孩子购买现代的高科技产品，想让孩子与其他孩子乃至父母有共同话题。但是，过于盲目的爱可能会让父母认为自己钟爱的孩子很听话，足够成熟严谨，对玩电子游戏和使用手机的时间有自控力。现实情况往往大相径庭。问题在于，如果父母不管孩子身处何处都要给他设限，父母就可能会陷入一场管理孩子活动的战争中，并且很可能会战败。此时，爱就会变成批评："你真是不懂什么叫责任！"尽管有时限制是十分必要的，但是限制并不会提高孩子的自控力，也不能教会孩子自己做决定。让孩子使用智能手机也是一次很好的机会，可以测试孩子的自我管理能力。在孩子未来的成长中，自我管理能力至关重要，可以让孩子选择合适的朋友、学会安全驾驶并禁得住酒精和毒品的诱惑。

符合逻辑的做法是与孩子讨论使用新产品带来的问题。您可以选择在双方都冷静的时刻，以讨论的形式与孩子展开对话。比如，问孩子下列问题："你知道沉迷游戏和电脑有哪些危险吗？你知道吗，你访问的大部分网站都会窃取你的个人信息，以此牟利。你对使用手机的观点是否和我一样？难道你不觉得，总是盯着手机看会占用你很多时间，妨碍我们平静地聊天吗？你不觉得吃饭的时候盯着手机看，会让你忽略我们的对话，妨碍你参与大家的讨论吗……"在讨论的最后，不要忘记感谢孩子与您讨论了这些问题，并告诉孩子，希望他能对自己参与的活动与花费的时间负责。

使用手机的情形为我们提供了一种很有代表性的例子，可以教会孩子对自己的行为和选择负责，也能让孩子明白，想要的东西除了能为自己带来快乐和便利，也是自己的责任所在。

另一方面，您也可以向孩子展示使用这些“工具”带来的便利，跟孩子这样说：“你可以使用电子产品，但是如果你控制不住自己，我就会很担心。”

理性的父母会在日常生活中利用这些电子产品，让孩子懂得您可以理解，甚至希望孩子能够支配这些电子产品，但是要让孩子明白他毕竟不是大人，想要像大人那样使用电子产品并非没有风险。

面对许多新型通信和游戏设备，父母可以用爱、逻辑和理性的教育方式尽早让孩子懂得它们的优缺点，让孩子意识到并提醒孩子无法摆脱电子设备（手机、电脑游戏等）的危险——会对电子设备产生依赖。上网超时是过度使用网络最明显的信号，父母总会看到孩子超时使用网络。父母要提前了解的是，我们可以理解孩子使用属于他们那个时代的产品进行交流。但是，如果您察觉到孩子上网时间过长，就要主动制止，限制孩子使用电子产品。

指出孩子依赖网络的表现也很有用：

——像其他人一样，无法抗拒使用网络的乐趣。

——无法抗拒上网的冲动。

——在使用网络之前感到持续紧张。

——一旦开始使用网络，心情就会舒缓并感到愉悦。

对于稍大一些的孩子，父母可以跟孩子解释，过度使用多媒体设备通常说明人们试图忘记或逃避现实生活中的烦恼。但是，通过上网逃避现实是一种陷阱，因为烦恼只是表面上被遗忘了，其实它仍然在那里，不利于寻找真正的解决办法。

最后，网络成瘾与所有成瘾风险一样，在建立依赖对象之前，也存在某种个体易感性。父母可以举例说明这一概念：每个人对痛苦、炎热、寒冷、酒精的敏感程度不同，有的人可能反应更强。

学会逃离虚拟世界

从上文可以看出，孩子会寻找各种载体让自己沉溺在虚拟世界中。孩子的确需要探寻虚拟世界，他们一直喜欢的游戏就是最好的证明。因此，您不必剥夺孩子的这一权利，而是当孩子没有节制时，要加以管教。

无论是哪种类型的上瘾，如果您察觉到以下三点，就说明您的孩子正无节制地沉溺在虚拟世界中：“孩子只喜欢玩。”“孩子总是心不在焉，连老师也注意到了。”“青春期开始，孩子是不是变得叛逆了？会不会有什么心理问题？”

妈妈，我可以……吗？

艾洛蒂是一个 10 岁男孩的妈妈。有一次，她和其他家长共进晚餐，向他们打听新款任天堂和索尼的3D掌上游戏机。儿子奥古斯丁在好朋友家看到了一台3D游戏机，于是就跟妈妈要，争论由此展开。在晚餐的讨论中，有的家长认为3D产品对孩子的健康有害。一位母亲说自己读过一篇文章，里面写道，玩3D游戏机会导致头痛，长此以往，孩子会出现眼珠不对称的倾向，最后还会导致斜视。一位出席晚餐的医生父亲则说自己曾在文章中读过，如果孩子出现视力问题，可以偶尔使用3D设备进行康复治疗。艾洛蒂和饭桌上的其他家长都为此感到困惑。她该怎样向儿子说明？

艾洛蒂做出了正确的选择。她决定告诉儿子，让他自己做出选择。如果儿子能在规定的时间内使用游戏机，就满足他的愿望，否则就不会送他游戏机。她简要归纳自己在晚餐时听到的话，让儿子把这些话讲给好朋友听："研究人员并没禁止我们观看3D设备，但是不能过度，否则就可能斜视。"最后，孩子对艾洛蒂说："妈妈，我也可以像好朋友那样拥有一台游戏机了。"他还说："我要对我的眼睛负责，我甚至也要对我朋友们的行为负责。"

爸爸，我可以……吗？

无论男孩还是女孩，哪个孩子不希望参与到爸爸的活动当中，让他知道自己能帮得上忙，甚至和爸爸一样厉害呢？孩子都想替父亲背稍重的背包，在翻整花园或做零活时成为父亲的得力助手，在度假时可以游泳、爬上父亲指定的岩石……所有这些选择都符合孩子的期待。

当然，孩子渴望通过这些行为证明自己、认同自己并取悦父亲，但是，这也表明孩子在某项活动中对承担责任的渴望，并将其视为获得力量和能力的证明。父亲们并不经常让孩子参与到自己的活动当中。他们觉得只有自己才有能力完成工作（当然这是男性特有的骄傲），他们都想自己解决问题。简而言之，他们认为孩子还没有足够的能力。这些父亲有时有道理，但多数情况下，他们的想法并不正确。最重要的是，他们不太懂得父亲这一角色对培养孩子责任感的重要性。

懂得放手

弗雷德里克陪 4 岁的儿子安托万参加社区组织的儿童手工作坊。弗雷德里克明白自己不应该帮助儿子，虽然儿子做手工的手法很差。但是他还是抑制不住帮助儿子的冲动，便瞒着主持人帮儿子制作陶器。安托万很生气，突然号啕大哭。弗雷德里克不明白儿子为什么哭，他自认为做得不错，想用自己眼中的“杰作”让儿子得到表扬。很显然，安托万并没有雕塑家罗丹和贾科梅蒂那样的天赋。弗雷德里克很想让儿子开心，但问题在于，他在爱儿子的同时并没考虑到一个 4 岁男孩的逻辑。其实安托万在爸爸的监护下摆弄黏土，尽量让爸爸对自己的作品感到骄傲，就很开心了。安托万的目的根本不是制作一个完美的雕塑。作为父亲的弗雷德里克，他的举动其实带有侵略性，结果必然事与愿违。

道理很简单，孩子只会做他们会做的事，不会越界。他们既懂得寻求父母的帮助，为了反抗也会拒绝父母的帮助。父母帮孩子包揽他们年龄范围内的事务时，孩子也会觉得被冒犯。从根本上讲，这一点符合逻辑，也再次说明父母要懂得如何在爱与逻辑之间寻求平衡。

懂得交流

当今的孩子面对世界的态度更加开放，也更了解生活中的问题。因此，父母懂得如何与孩子交流至关重要。毫无疑问，交流有利于提高孩子分担父母责任的能力，从而让孩子更有责任感。但是，父母有时对谈论某些话题怀有顾虑，担心会让孩子感到焦虑。父母不愿意跟孩子谈论的问题都有哪些呢？

与孩子谈论金钱

萝拉和奶奶一起在超市购物。当奶奶打开钱包准备付款时，萝拉对奶奶说：“变成老太太就会有很多钱啦。”萝拉意识到自己的话可能会冒犯到奶奶，于是巧妙地补充道：“等我变成老太太，我也会有很多钱。”奶奶觉得孙女的想法很有意思，明白了孙女对金钱问题感兴趣。她便将这件趣事详细地讲给萝拉的父母听，说他们的女儿肯定对金钱感兴趣了，好奇拥有足够的金钱或缺钱是怎样的感觉。他们应该找机会跟女儿谈谈。

今天的父母受过良好的教育，在面对金钱的问题时，无疑不会像前几代人那样无法言说，产生负罪感，也不会认为金钱是禁忌话题。现代人的成长环境并不糟糕，生活并不艰难，甚至相当体面，总是把钱挂在嘴边，视金钱的话题为禁忌与现代生活的要求背道而驰。很小的时候，孩子就会从父母、电视、商贩、同学或同学的父母那里听到有关金钱的话题。

父母为什么要视金钱为禁忌，对孩子回避这一话题呢？因为每个孩子从 5 ~ 6 岁起，就觉察到要对父母在自己身上的花费负责。原因在于，您迟早会给孩子零花钱，金额的大小由您决定，这是您的选择。

怎样与孩子谈论钱的问题呢？您对孩子的爱会让您不必过分担心这一问题，也会促使您关注孩子的年龄，并根据孩子的年龄（从 5 ~ 6 岁开始）让孩子懂得对自己想要的东西负责，对自己能够获得以及无法获得的东西负责。零花钱就是一个例子。如今，每个父母都应该确定孩子可以拥有零花钱的年龄，哪怕只给孩子少量零花钱。我认为从孩子 6 岁开始，家长就可以给零花钱，这会让孩子意识到金钱的问题并产生责任感。

理性会让您避免和孩子谈论与他无关或超出他能力范围的问题。孩子既不应该见证这类问题，也不应该知情。告诉孩子您的主要职责是为家庭挣钱没有用，让孩子知晓您婚姻生活的困难，并埋怨“我还没发工资，还在等你爸爸的补助金”也毫无用处。然而，您可以在孩子到了懂事的年纪，告诉他任何东西都有价值，需要花钱才能拥有。与孩子谈论金钱的问题旨在让孩子参与家庭的付出，通常会让孩子产生责任感和满足感。对您来说，与孩子谈论金钱也是一次反思自我价值的机会，反思金钱为什么有时会与不公平相关，促使您思考现代社会的诸多问题。

您可以用逻辑给孩子解释金钱的作用，让孩子思考金钱的多种功能，比如，可以购买生活必需品（食物、衣服等），购买提高生活品质并让自己感到快乐的东西。您也可以跟孩子解释，非常有钱也没有什么了不起，因为媒体往往乐于报道世界上最富有的人和最幸福的人，孩子会因此沉溺在幻想中，被媒体造出的偶像吸引。拥有生活经验的父母会赞同这句老话：“虽然金钱可以购买许多东西，但是金钱买不到幸福。”如果孩子不相信，您可以简单明了地告诉孩子，对于在生活中遭遇重大疾病、意外事故、自然灾害甚至将死之人来说，金钱远远无法抚平他们的忧伤。您在生活中观察到的具体案例，是和孩子阐述这一话题的绝佳例证。

如果您的家庭经济和物质拮据，请不要因为担心孩子知道后会感到难受而假装若无其事。孩子并不傻，如果您逻辑清晰地给孩子解释为什么其他孩子能去旅行而他不能，为什么他要做出选择，比如，衣服和玩具只能二选一，孩子就一定能理解您的难处。这样一来，您就可以适时地、恰当地培养孩子的责任感，让孩子知晓每个家庭成员都必须做出努力。

与孩子谈“性”

如今的孩子生活在一个色情信息泛滥的世界中，他们可能过早接触到成人电影并浏览过色情网站。难道今天的孩子都自甘堕落，都是好色之徒，都是暴露狂吗？精神分析学家杰拉尔·博内对此感到愤慨，他认为：“并非如此。这只是当今混乱的世界在孩子身上的投射。关于‘性’，世界出现了新秩序，没有人对这种新秩序愤愤不平。色情信息泛滥，造成接触到色情信息的孩子越来越低龄化。”

父母要明白，在和孩子交谈时，“性”不应该成为禁忌话题，孩子也应该学会在“性”这一方面对自己和他人负责。然而，跟孩子谈论“性”这一话题往往并不容易。那么，应该怎样运用爱、逻辑与理性跟孩子交谈呢？

对孩子的爱会让您在恰当的时机，运用合适的表达跟孩子谈“性”。如果孩子提出这方面的问题，您不要说太多，不要跟孩子讲述性爱的具体细节，不要让孩子感到羞耻。如果您察觉到孩子的尴尬，就请及时打住。

逻辑会让您不仅仅从预防的角度对孩子进行性教育。如果您青春期的孩子问您一些危险性的性行为是什么意思，您会将爱与逻辑相结合，单纯从身体行为的角度回答孩子吗？作为成年人，您肯定知道“性”不仅仅是一种身体行为，还涉及情感和激情、身心健康和精神层面的问题。我们必须明确的是，所有性行为的背后都是一次相遇，但是也要承认，人并不总是因为爱才会发生性关系，哪怕大家都希望相爱。对于当代的青少年来说，这一点尤为突出。青少年可能会尝试危险性的性行为，因而受到伤害。

如果您在这一重要课题上没给孩子指导，就会在处理“性”的问题时失去理性。如果您过于满足孩子的好奇心，理性也会因此缺失。米蒙建议父母在孩子 7 ~ 8 岁时，在和孩子互相信任的基础上回答他们的问题，父母不要讲个不停，因为孩子只是想稍作了解。孩子到了 9 ~ 10 岁就可能会浏览色情图片，这时，您需要坦诚地与孩子讨论“性”的问题。等孩子到了青春期，您还要继续跟孩子沟通，重要的是，您要实话实说。理性也告诉我们，如果在谈论这些问题时身边有其他人在场，父母就会感到非常轻松。

跟孩子谈论重大疾病与死亡

4 ~ 5 岁时，孩子就会意识到重大疾病的严重性，懂得人最终都会死亡。然而，孩子可能向您提出这样的问题：“死是什么意思？死了以后会发生什么？……”不过，7 ~ 8 岁开始，许多孩子才会开始真正意识到自己终有一死，并为此感到焦虑。“疾病”和“死亡”这两个主题催生出了大量童话和游戏。许多童话故事，甚至给幼儿看的电影都反映了这两个主题。3 岁的孩子经常会玩与之相关的游戏，在玩耍时常常会说“我来扮演医生”“你要死啦”这样的话。但是，在这些故事、电影或游戏情节中，总有一个类似于救世主的角色，负责治疗或复活其他角色，他们的台词通常是 “我救活他啦”“你的病好了”“你再也不会死掉了”等等。只有孩子才会否认现实，才有精灵古怪的想法，才具备孩童至高无上的想象力，这些品质会让孩子在面对被抛弃、死亡和分离的焦虑时，不会感到过于痛苦。

然而，这并不意味着孩子不会察觉到父母之间某个严重的问题，不会感知到由情况变化导致的表达、态度和行为的变化。孩子很容易就能察觉到家庭氛围的改变，听到他们总是听不懂的谈话，但是孩子其实害怕听懂交谈的内容。

爱会让父母关心孩子的感受，留意孩子直接或间接表现出来的问题，比如，睡眠和胃口问题。对大一些的孩子来说，父母会关注孩子在学校的表现以及学习效率下降的问题。

父母要保持理性，尽量以简洁、冷静、清晰的方式回答孩子提出的问题。例如，孩子问您：“为什么爸爸整天待在家里？”您可以回答：“因为爸爸头疼，需要休息……”

您的回答要符合逻辑，不能违背事实，也不能与孩子听到的其他内容相背。孩子很喜欢的邻居即将不久于人世，于是您不假思索就在孩子面前对丈夫说：“她要死了。”孩子可能就会问您：“死了以后会去哪里？”父母的回答根据信仰会有所不同。您或许会说：“她会去天堂，我们再也见不到她了，但是她会一直在天上保护我们。”也可能会说：“我们会带着美好的回忆，永远怀念她。”这样的回答会让孩子懂得并接受再也见不到死者的事实，减轻死者离世给孩子带来的痛苦。

当近亲、兄弟姐妹、祖父母重病或去世时，除非孩子抗拒，通常情况下，您应该建议孩子去医院探望病人（当然次数不用很多）或参加葬礼。我总能听到一些小孩甚至青少年事后埋怨父母没让他们参与其中。但是，如果孩子感到焦虑不安，您就最好不要让孩子看到可能引发焦虑的场景，比如，成年人也会深受触动的入殓和下葬仪式等。

跟孩子谈论工作与生活之间的平衡

我总是惊讶于许多孩子对父母的工作不甚了解，而父母会定期询问孩子在学校的学习情况，哪怕孩子会因此不快。工作显然是成年人的事，但是孩子很小的时候就或多或少听到过家人谈论工作。工作对孩子来说是一种陌生的事物，是否应该对他保持神秘或者未知？我并不这么认为，只要不把工作描述得太过消极，您可以让孩子提前了解工作情况。孩子会从父母的描述中获益，会觉得自己被重视。孩子会觉得自己仿佛是个大人，父母会和自己分享生活。与孩子谈论工作会让孩子拥有足够的责任感去理解周围的世界，当然还会让他对未来的生活做好准备。您也可以借机具体解释怎样平衡私人生活和职业生活。

另外，提前了解工作情况也能让孩子对社会问题产生责任感。如果孩子能够理解父母的工作时间，空闲时间对某本杂志、某个电视节目以及工作的兴趣，孩子的烦恼和不满就会减少。对稍大一些的孩子来说，特别是青少年，怎样在工作与私人生活之间寻求平衡，可以成为家庭讨论的主题。您甚至可以询问孩子的观点，向孩子展示不同代际的人对该问题的看法，比如，祖父母那一辈人、父母这一辈人还有未来参加工作的孩子这一辈人，他们从事过或将要从事的多种不同的职业，或者用不同方式处理过或将要处理的工作和生活之间的平衡问题。2010 至 2011 年间，27000 名大学生参与了题为“职业生涯的主要目标是什么？”的调查，超过 50% 的人回答“为了寻求生活与工作的平衡”。只有 36% 的学生沉着冷静，头脑清晰地回答“成为领导者或管理一个团队”。他们的回答符合父辈人的观点。今天的父母可以从这项调查中得到启发，让孩子对生活与工作之间的平衡负责。

总之，父母有时会促成孩子形成责任感，尽管有时他们并没有想到能够达到这一效果。

责任感的培养要从孩子很小的时候开始，随着孩子年龄的增长不断调整策略。我将培养孩子责任感的原则总结如下：

- 要在行动而不是说教中让孩子懂得什么是责任。
- 根据年龄和能力，适时调整您要让孩子承担的责任。
- 让孩子迅速思考、做出选择，哪怕孩子会犯错。
- 将孩子的错误转变为机会，帮助孩子在日后面对相同情况时改变策略、采取不同的处理方式，让孩子更加自信。
- 让孩子感到自豪，客观明确地表达您对孩子的满意，不夸大其词，但是要记得肯定孩子自身的能力。这有利于让孩子为自己骄傲，乐观看待自己的能力。

如此一来，您就可以让孩子在不知不觉中懂得怎样自己做出决定，懂得如何在行动之前快速思考。

您也会为孩子的未来做好准备。众所周知，没有责任感的孩子可能会变成问题少年甚至不安分的成年人。反之，培养孩子的责任感会让孩子更加自信，在人际关系与社会关系中表现得更加自如。

第 15 章

良好的教养有利于自尊和尊重他人

孩子不会突然懂得与人为善，也不会突然开始懂礼貌。良好的教养从学习与人为善和讲礼貌开始，这是理性的要求，也符合逻辑。和善与懂礼貌并不是与生俱来的品质。与人为善是在尊重他人、帮助他人、倾听他人的过程中习得的，甚至需要十分努力才能学会。礼貌也是逐渐习得的，懂礼貌意味着懂规矩，不同的文化有不同的规矩。培养孩子上述两种品质，父母的作用至关重要。

善良不是软弱

您很清楚，如果您的孩子将来在社会生活和职场中展现出沟通能力，善于关心他人并拥有开放的心态，就会受到赞扬。怎样培养孩子的这些能力呢？您是否要告诉孩子，其实世界并不是一座象牙塔，而是有许多贪婪冷酷的人呢？

精神病学家谢尔盖·蒂塞隆提出课堂角色扮演游戏：老师让学生分别扮演受害者、凶手、喜欢打抱不平的人。孩子需要投入自己扮演的角色之中。如果孩子通过扮演受害者能够切身体会到被害的感觉，那么孩子就很难对他人施以暴力。这个游戏让我们清楚地认识到，孩子很小的时候就可以通过认同去理解他人。当孩子帮助您时，请您毫不犹豫地向孩子表示感谢；当孩子对您、对弟弟妹妹、朋友以及其他成年人表现出关切和慷慨的一面时，您也要表扬孩子。

心理学上的“共情”和“利他主义”是我们熟知的两种美好品质，善良恰恰是构成这两种品质的基础。共情是一种奇特的能力，指的是通过换位思考，能够与他人感同身受；利他主义指能够满足他人的需求并帮助他人的能力。

如果我们观察小孩子玩游戏，就会看到他们会为了玩具争抢打闹，但是，他们也会互相帮助和安慰。等孩子稍大一些，父母就可以告诉孩子，每个人都可以从利他主义中获得回报：尊重他人有利于获得自尊。孩子会逐渐明白，利他主义是一种崇高的理想，本身就包含回报。青少年很清楚，利他主义有时包含更多的隐性动机，能够掩盖罪恶感或敌意，可以将攻击性行为转变为非攻击性行为，因此会将其转变为一种友好的态度。由于孩子从小就通过学习了解到利他主义会受人尊敬，也会让自己拥有自尊，因此他们会一直牢记这一道理。青少年经常会表现得非常矛盾，他们既可以自私自利、漠视他人、只关心自己，也可以非常慷慨、乐于奉献、关心遭受痛苦的人。青少年参与人道主义活动就是后者最好的例证。

礼貌永不过时

虽然孩子 6 岁开始才会懂得礼貌的真正含义，10 岁左右才能明白礼貌的重要性。但是，孩子很小的时候就会在日常生活中学习如何讲礼貌了。懂得对别人说“你好”和“再见”是最基本的礼貌。许多父母并不总是要求孩子和别人打招呼，在我看来，这是一件憾事。

从一声“你好”开始

一个朋友给我讲了这样一件事：一个月前，他就计划去看望母亲。出发前他给母亲打电话，说自己一个小时后到。8 岁的侄子在电话那头插嘴道：“那我们可以一起踢足球了。”因为此前我朋友曾经开心地答应过侄子可以陪他一起踢球。朋友问我，按照我的“从一声问好开始”的观点，他难道要对一个小孩子说“或许你应该先跟我问声好”吗？朋友说：“如果那样，不会让侄子觉得自己是个讨人厌的叔叔吗？”我回答：“我不那么认为。”良好的教养不仅仅可以从餐桌上习得，任何场合都是孩子学习的

好机会。对那些不懂问好、不懂说“再见”、也不懂说“谢谢”的孩子，我只能祝他们未来好运！

有些家长错误地认为，孩子有的是时间学习懂礼貌，学习如何用礼貌的方式评判事物或他人。令人遗憾的是，家长的某些观点并不会让孩子感到自豪，也不会帮助孩子为他们的未来做好准备。我听到有些家长说：“我不想让孩子从很小的时候开始就被规矩束缚、感到不高兴。”“我不想让孩子变得太世故。”“我想让孩子顺其自然。”“孩子学习懂礼貌的时间还多着呢。”如果家长持以上观点，我只能说，对孩子而言，这是一种遗憾。

懂礼貌就像学开车，需要付出一定的努力，一旦学会便可以运用自如。在爱、理性和逻辑的引导下，您可以根据孩子的年龄，逐渐把这种社会品质教给孩子。方法很简单，从孩子两岁起，您就可以让孩子和遇到的人说“你好”“再见”，让孩子先用手势示意，再用语言向对方打招呼。这种方法不需要父母付出太多努力，但却需要与孩子反复练习。您不要强制，否则孩子会抗拒。等孩子稍大一些，您可以把自己在家庭和社会生活中遵守的礼仪规则教给孩子。在这一方面，父母主要起到的是模范作用，在不过于严格的情况下，您就可以让孩子懂得，他也在感受家庭氛围并参与到家庭交流之中。

虽然让孩子懂礼貌需要强制教导，需要在日常生活中付出努力，但是父母也不应该对此过于执着，也不可低估孩子因为懂礼貌从大人那里获得关注所产生的自豪感。教孩子懂礼貌是父母的本职工作，不应该让老师和其他人替您完成。我参加过一个教育团队组织的培训活动，受训者是 14 ～ 18 岁的年轻人，他们正在准备职业学校的考试，以便日后从事农业方面的工作。让培训人员感到震惊的是，这些年轻人在与人接触时并没有表现出基本的礼貌。因此，培训人员不得不每天提醒他们与别人相遇时要先说声“你好”。

父母最糟糕的态度是放任孩子的无礼行为。如果一个 2 ～ 4 岁的孩子喜欢通过说脏话来挑衅他人、展现个性、模仿小伙伴的行为、逗小伙伴开心，虽然有时他并不懂脏话的含义，这也不构成您不去纠正孩子的理由。哪怕有时您觉得小孩子说脏话很有趣，您也不能因此发笑。一旦您觉得孩子这样很有趣，您就无法纠正孩子的错误行为。如果您当着孩子的面说了一句脏话，请您马上纠正自己的言行，并告诉孩子您刚才说的不是什么好话。孩子稍大一些才会变得无礼，会对兄弟姐妹、同学甚至是您和老师说脏话。虽然孩子的无礼可以被原谅，但是有必要加以批评。一般来说，孩子因为感到不适才会不讲礼貌，如果不是出于这一原因，就需要专业人士的帮助。孩子想要在某方面被人理解，但他们不知道如何用语言清楚地表达，所以才会变得无礼，无礼的背后往往存在一种或多种原因。

青少年的无礼行为

青少年会经历一段特殊时期。在这一阶段，他们难以表达自己焦虑的原因或让自己产生攻击性的原因。然而，这种表达障碍会转变成一种无礼的挑衅态度，很不幸也很矛盾，这也是青少年缺乏自信的表现。虽然这种矛盾总是被误解，但是父母应该予以理解。出于对孩子的爱并结合逻辑思考，父母不应该用无礼的态度回应孩子，除非孩子的无礼让人无法忍受。反之，父母要装作对此毫不在意，重要的是，要试着帮助青少年用另一种方式表达他的苦恼。同样，在这一阶段，如果青少年变得过分无礼，或许就意味着他真的患上了某种疾病。

某些青少年还会经历言语、衣着和行为表现都非常粗俗的阶段。这些青少年会让我们觉得，粗俗无礼已经成为他们的第二天性，有时他们似乎乐在其中。与过去相比，如今大多数男孩和女孩更惯于以粗俗无礼的形式展现自我，他们其实是在寻找某种自我形象，追求他们认为难以找到的个性身份。

相较于无礼的行为本身，无礼的危险更多体现在后果上。无礼会产生两种后果：其一，青少年会加入有相同问题的团体，该团体会强化青少年的无礼行为；其二，如果他人无法接受无礼或粗俗的行为，青少年就会因此遭到排挤。

在专业人士面前，青少年可以更容易地倾诉他们内心的苦恼。因此，在寻求专业人士的帮助之前，父母应该一如既往地避免对孩子进行负面评价，不要强迫和责备孩子。父母应该做出确切的努力，通过交流让青少年感到安心，让他感受到您对他的爱，让他懂得荒唐的粗俗行为背后的运作逻辑。

上述做法与父母的观点并不矛盾，父母可以明确表示自己不赞同这种态度，认为孩子的做法并不合适，不利于他们的成长。如果父母不懂得这样交流，青少年很可能就会认为父母并不在乎自己，认为他们失去了理性，认为父母一直以来对他们的付出都没有意义，对他们的价值观也不再欣赏。

将正确的价值观传递给孩子

您需要让孩子懂得，良好的教养有利于自尊和尊重他人。有教养不仅仅是与人为善、关心他人、亲切和蔼、知书达理，坦诚待人和尊重他人也是有教养的表现。

在这一层面上，父母的教育与过去相比更加困难。我们每天都能听到有关价值观崩溃的新故事，甚至连那些最应该起表率作用的人也不例外。媒体几乎每天都在报道有关谎言、偷窃、利用他人的弱点、不尊重他人的意识形态与信仰等新闻。在这一问题上，年轻人的偶像经常会做出不符合表率作用的行为。那么，在不陷入与孩子周围的世界完全相悖的道德主义的前提下，怎样轻松地将我们长期以来公认的美德传递给孩子，让孩子奉行正确的价值观呢？

对于这一问题，可能有一个坏消息、一个好消息。坏消息是，与过去相比，今天的父母无法比较容易地与孩子讨论这一问题，并让孩子遵守正确的价值观。好消息则是，让孩子对长期以来人类凝聚出的正确价值观感兴趣并非不可能，但是您要相信自己并付出努力，比如，您要以身作则。

有三种途径可以将正确的价值观传递给孩子：运用我们自己在生活中遇到的实例、借助孩子在生活中看到的东西以及由此产生的糟糕后果。那么具体应该怎样做呢？如下三种具体的态度可供参考：

• 您要向孩子具体展示对他人的尊重，拒绝谎言，展现出您的诚实以及对暴力的鄙夷。这样一来，您就可以教育孩子建立起自己正确的价值观。例如，当您看到一名司机占用残疾人专用道时，表现出愤愤不平；主动归还商贩多找给您的零钱，并告诉他不小心多找了您零钱；您预约了工匠，但是他对您撒谎没有赴约，您不接受他为自己开脱的说辞；如果您不小心撞到一个行人，对他的谩骂不予理睬，而是选择道歉。价值观如同健康状况，会对孩子的身心造成影响。如果说父母吸烟会损害孩子的身心健康，那么父母满口脏话则会削弱孩子建立起良好社会关系的能力。

• 与您的孩子一起评论他的所见所闻，不过多考虑是否能够将您看重的道德和价值观传递给孩子。例如，您可以陪孩子一起看电视，看电视里的年轻人如何帮小山村的村民重建房屋或学校，询问孩子对偷窃的看法，表扬孩子给生病的同学送作业，等等。

- 孩子会在报刊、互联网、电视上获取新闻，我们可以给孩子展示媒体的报道与在家庭中真实情况的区别。如果孩子看到我们捡起一个值钱的东西并物归原主，看到我们给一个真正的乞丐一枚硬币，听到我们恰当地评价与我们观点不同的人，我们就是在用恰当的方式将价值观传递给孩子，并不需要长篇大论和理论说教。这就是您要对孩子采取的实际行动，孩子可以从中学会如何分辨善恶。其实，这些做法非常简单。此外，让孩子思考公平与不公平、友谊的重要性、尊重他人以及怎样恰如其分地发言等问题也会很有用。

今天，市场上甚至还有传递正确价值观的书籍与音像制品，比如，富有教育意义的童话、绘本、供各个年龄段的孩子观看的影片等等。

家长的危险欲望：培养出“过于听话”的孩子

在结束本章之前，我要警告那些想让孩子完全听话的父母。过于听话的孩子是什么样的呢？这种类型的孩子可能会遭到同龄孩子的排挤，甚至会因此遭到霸凌。

法兰西学院院士让－丹尼斯· 布勒丹在自传中讲述了自己的童年，他就是一个过于听话的孩子。他的父亲很早就去世了，母亲总是希望他在任何事情上都能拔得头筹，但他其实不想活成母亲理想中的样子。他在自传中写道："13 岁生日那天是我最痛苦的一天，极度的痛苦掩盖在相当友好与和睦的氛围之下。"他将自传定名为《过于听话的我》。

进入青春期后，伴随他整个童年的忧郁变成了内心的敏感与羞耻感，为他在写作和社会上的成功奠定了基础。他的写作和成功，其实是不断填补自己缺陷的行为，将孩童时期的自卑与忧愁转化为成功的动力。或许有些父母想看到自己的孩子成为法兰西学院院士，但是请他们扪心自问，一个孩子要为此付出多么大的代价！

一般说来，过于听话的孩子会因懦弱而痛苦，没有能力在社会关系中自如生存。某些过于听话的孩子甚至会突然崩溃甚至过度放纵自己。

第四部分

怎样做合格的父母？

当你们成为孩子的父母时，夫妻双方都期待对方具备三重身份，
即恋人、妻子或丈夫、父亲或母亲。
但与您朝夕相处的那个男人或女人，
并不一定具备您所期待的三重身份应该具有的能力，
这往往是家庭教育和夫妻关系问题的根源所在。

第 16 章

父母真正的爱，就是懂得与孩子交流

18 个月大的苔依丝牙牙学语，她不断重复父母说过的话："妈……妈，爸……爸。"她管哥哥帕特里克叫"里克"，管姐姐艾德琳叫"德琳"。小苔依丝坐着的时候，就会努力表达她想说的话："要……奶酪。"她会突然甩动两条小腿，想用肢体语言辅助她的口语表达。这时，父母就会开心地重复小女儿的话。

苔依丝的父母就这样和小女儿开始了交流。等苔依丝再长大一些，他们就可以和小女儿一起读故事，一起看书，一起看电影。这些媒介会成为父母与孩子交流的载体。面对儿童身体上的突然变化以及青少年的行为倾向，对父母而言，交流是培养孩子对话能力的根本方法，因为交流是自我愉悦情感的来源以及产生社会凝聚力的源泉。

父母真正的爱就是，懂得从孩子很小的时候开始就与孩子交流。在某种程度上，我们观看电视上的言论、听耳机里的音频以及阅读接收到的短信都属于“孤独”的单向交流。因此在今天，父母懂得跟孩子交流越发重要。

有鉴于此，懂得与孩子交流非常关键。但是不同父母的交流方式不尽相同，这又是为什么呢？原因非常简单！

问题在于，当你们成为孩子的父母时，夫妻双方都期待对方具备三重身份，即恋人、妻子或丈夫、父亲或母亲。然而，您会逐渐发现，与您朝夕相处的那个男人或女人，并不一定具备您所期待的三重身份应该具有的能力。母亲常常会抱怨父亲在教育孩子方面做得不够好，配不上恋人和丈夫的身份；父亲也总会抱怨爱人不是一个称职的妻子，配不上母亲的身份。从某种程度上讲，这种状况是父母难以教育好孩子并导致夫妻分手的根源。

通过对比不同类型的父母，了解父母之间的矛盾和冲突，我们就可以更好地理解，今天的我们应该如何做一个合格的父母。

第 17 章

三种类型的父母

每个父母都想以自己的方式尽量为孩子的成长提供帮助，并与孩子和谐相处。但育儿之路并非总是一帆风顺。美国导演伍迪·艾伦曾风趣地说过：“永远很漫长，越到终点越漫长。”我们也可以说：“育儿之路苦难重重，孩子越大越困难。”

因为自身性格、生活环境以及夫妻关系的差别，父母对孩子的教养方式也大不相同：有些人对待孩子过于自由（我称之为“放任型”父母），有些人对待孩子过于限制（我称之为“控制型”父母），也有些人能够根据孩子的不同成长阶段调整教育手段（我称之为“培育型”父母）。当然，在现实生活中父母的身份要复杂得多，在不同的情况下，父母可能在三者之间不断切换。

在我看来，在不过分追求完美的情况下，相较于“放任型”和“控制型”父母，更好的选择无疑是尽量成为“培育型”父母。

“放任型”父母

如果一个孩子缺乏父母的管教，就可能产生被抛弃的感觉。

父母可以放任一个孩子独自满足自己的需求吗？难道一个孩子可以想吃什么就吃什么，想几点睡觉就几点睡，无论室外温度和环境如何，想穿什么就穿什么吗？难道父母可以对一个不爱洗澡的孩子不管不顾，任凭他在一个又臭又脏、让人难以忍受的屋子里待上好几天吗？难道父母可以放任孩子说脏话，不去纠正他，只是告诉孩子他迟早会深受其害吗？

如果父母经常采取上述一种或多种态度，或更糟的是，将其奉为育儿原则，那就只会让孩子在不安和混乱中成长。

法国作家马琳·布拉姆莉在小说《我的小堡垒》中用谦虚幽默的方式反省自己，展现了如果父母对孩子过于放任，无人管教的青少年最终走上歧途的过程。她写道：“艺术家缺少灵感就无法创作，女性缺少生活经验就无法立足。”

几乎所有父母都会有想要放弃的时刻，或面对特殊情况时，认为放任自流比无谓的抗争更好。一位小姑娘曾跟我说，她穿了超短裙，告诉父亲自己穿超短裙并不是“放荡”的表现（这一时期的孩子会尽其所能，选择这种坚持自我的表达方式），父亲这一次没有纠正女儿，因为他已经多次劝导女儿无效，没有必要再激怒女儿了。于是，他对女儿这一行为放任不管。但是，如果这位父亲从未在这方面教育过自己的女儿，那么他就是一位“放任型”的家长。

“放任型”父母总是过于担心与孩子发生冲突，有时害怕被别人指出问题，担心自己对他人缺少关心，或者害怕自己无法应对生活中的各种麻烦。一旦这类父母表现出家长的权威，就会下意识地感到极其内疚。

“控制型”父母

如果父母对孩子限制过多，孩子就会感到身心俱疲。长此以往，孩子会产生逆反心理，迟早有一天会爆发。

“控制型”父母让孩子过度听从自己。如果父母奉行这种教育理念，就可能会让孩子在成长过程中害怕犯错、缺乏自信。更严重的后果是，当孩子谈及控制欲过强的母亲时，就会对“胡萝卜须”（“胡萝卜须”是法国童话《胡萝卜须》中的主人公。他的母亲把爱都给了哥哥姐姐，对小胡萝卜须则整天只有谩骂和羞辱。——译者注）感同身受：“我们感到痛苦，因为我们不知道如何相爱。这会让您感到震惊吗？”

“控制型”父母渴望掌控孩子的一切，希望孩子按要求活成自己期待的样子。父母想控制一切的渴望显然是一种不切实际的幻想。孩子，特别是青少年，都在挣扎着逃脱父母的控制。孩子和青少年都需要空间，需要表达个人诉求。

“控制型”父母的特点是要求孩子遵守纪律并追求完美，

他们对待孩子冷酷而严苛。因此，由于总是担心说错话或做错事，孩子会过于自责，在与他人的关系中封闭自己，或是变得蛮横无理。

“控制型”父母总在追求安全，因此，他们会过度警惕并监视自己和他人。追求安全通常会让他们提前规划自己的生活，不断预测可能会发生的糟糕事件。过于用逻辑行事反而会导致行事毫无逻辑。这类父母往往是因为特别焦虑才会这样做，而这种焦虑会在不知不觉间传递给孩子。

如上文所言，父母偶尔会不可避免地对孩子听之任之，也会变成“控制型”家长。但是，我建议父母还是要尽量让自己成为“培育型”家长。

“培育型”父母

我们已经了解到，父母可能会走向两种极端——对孩子不管不问的“放任型”父母，或者渴望掌控一切的“控制型”父母。放任与不惜一切代价的掌控，都既不利于孩子成长，也不利于培养孩子的责任感。然而，对父母而言，在两类角色之间寻求平衡不足以解决问题，折中妥协也远远不够。父母要想做好这项困难的工作，就需要更精准的手段。虽然天下没有完美的父母，但是父母成功的秘诀，就是让爱、理性与逻辑三者和谐相融。

“培育型”父母追求本真、真理与平和。原因何在？这种类型的父母想知道孩子怎样看世界。因此，孩子在世界中追寻本真、真理与平和并不会让这类父母感到惊讶，他们希望给孩子树立最好的榜样。

哪个父母没对孩子说过“有可能”或“不可能”、“这是对的”或“这是错的”、“它存在”或“它不存在”这样的话呢？孩子从3岁起就会思考事物存在与否的问题，这一过程从好奇自己的身世开始，而后孩子才会产生事实的概念。这类问题会让孩子辨别事实与想象、区分可能与不可能。孩子喜欢玩的许多游戏便是最好的例证。在事实与想象、可能与不可能之间，孩子能够很快学会如何区分游戏与现实。父母需要对小孩子和青少年说出自己的答案，告诉他们自己对现实的看法。处于青春期的年轻人会热衷于讨论宗教、政治、哲学等话题，这是最好的例证，父母不应该回避这些话题。父母应该明确表明，他们秉持的真理有利于让自己幸福，如尊重他人、人与人之间存在公平、承认某些人的恶意、财富具有相对性等。

诚然，在孩子眼中，“美好生活”以及“有用”的定义与成年人不同。有关真理的问题显然很严肃，但是这并不妨碍父母用幽默的方式向孩子表达，父母可以在轻松愉快的氛围中与孩子展开严肃的对话。

我想起哲学家、社会学家热拉尔·拉宾诺维奇说过的一件趣事：“一位天主教神父、一位新教牧师和一位犹太教拉比在各自的教义中讨论生命的起源。神父说：‘天主创造了生命！’牧师说：‘生命从诞生时开始！’拉比则说：‘孩子毕业、结婚就是生命开始之时！’”如果父母为青少年讲述这一故事，他在感到有趣之余，会对生命起源问题持更加开放的心态。如果他信仰宗教，也会对不同的宗教信仰更加包容。

“培育型”父母相信，如果父母快乐，孩子也会快乐。让孩子幸福是父母合理的诉求，但是怎样做才能让孩子幸福？如今，我们经常思考幸福和美好生活的话题。成年人，即父母，是否执着于这一话题？此外，如果父母与孩子懂得共度快乐和幻想的时光，能够一起欢笑，那么幸福便触手可及。如果孩子在玩游戏、思考甚至在参与看上去严肃的活动中都能表现出成年人不易具有的想象力，那么就说明“培育型”父母身上也或多或少保有这种幻想的能力。

在成长过程中，孩子的身心会逐渐发生变化。精神分析学家将父母视为“转化性客体”。婴儿几乎从出生起就希望获得自主性，但是婴儿能否获得自主性，取决于和父母的接触。父母是孩子最满意的“转化性客体”，依赖父母是孩子获得自主性的基础。然而，这种依赖具有矛盾性：孩子要想独立，需要先依赖他人。

青少年与婴儿获得自主性的过程基本相同。青少年懂得自己需要依靠父母才能成长，但是，这种依赖也会让他们担忧。如果青少年抱怨父母没有看到他们的成长，他们表达出的是自己无法做主的感觉，会认为是外部力量决定着他们的命运。然而，青少年迫切希望建立自己的生活，渴望拥有自由的命运。他们会明显察觉到内心的变化，因此父母的限制有时会让他们变得偏执，青少年会认为是别人妨碍了自己的生活，一切困难、一切失意都由别人造成。

青少年的父母作为“转化性客体”，必须有能力给予孩子安全感。这就是所有青少年都盼望长大、渴望更多自由的原因。他们会暂时和父母抗衡，渴望每天很晚出门，喜欢放学后随时回家，想拥有自己的房间，小心翼翼地锁上房门。青少年担心父母会妨碍他们主宰自己的生活，他们在需要父母的同时，也担心无法做自己。著名青少年专家菲利普·贾米特认为，孩子通过日常生活的经验，会逐步建立起自己的内心世界，通过逐渐内化自己的所想所感，形成内部表征。

在家庭内部，孩子会对父母的言行等现实情况进行预想。如果现实符合预期，预想变为现实，孩子就会进一步展开预想。如果父母没有按照孩子的预想行事，或者与之相悖，父母的反应就会在孩子脑海中纠正并修改孩子的预想。有鉴于此，我们就可以更好地理解，父母能否建立起强大和谐的家庭关系决定着家庭的幸福。那么，应该怎样做呢？父母可以跟孩子一起聊天，参与家庭活动，经常与孩子交流，增进对彼此兴趣的了解和尊重，与孩子共同创造并分享欢娱的时刻，一起幻想，一起开怀大笑。

只有与他人交流，我们才能拥有更和谐的生活。与社会幸福相同，家庭幸福也是如此。父母的作用就是成为家庭幸福的支柱、传递者、交流的媒介。

第 18 章

父母的矛盾

有多少父母能够坚定地说，夫妻双方从来没有过矛盾？对夫妻双方来说，有时不赞成另一半的观点也很正常。您没必要逃避问题，也不应该对与您意见相左的孩子、孩子父亲以及老师做负面评价。矛盾既是现实生活的一部分，也是您内心的一部分。然而，您需要用理性和逻辑，尽最大努力化解矛盾。

意见不合

您是否对说过的话感到后悔，但为时已晚，覆水难收？虽然每代人不再以相同的方式接受教育，但是每个父母对言行举止的标准都有所不同。通过家庭教育、向朋友学习、听从建议或阅读，每个父母都会形成自己的教育理念，并按照自己的理念教育孩子。确切地说，理念会决定父母在特定情况下的言行举止。

如果父母认同自己父母的教育方式，那么其言行举止就可能会受其影响。例如，某位母亲会对孩子的父亲说："我母亲总和我说这些，这样很好啊！""我父亲不让我做任何事。"某位父亲对过于焦虑、保护欲过强的妻子说："我小时候，我母亲也没怎么管这些啊。"

当然，父母也有可能不认同自己父母的教育方式，例如，某位母亲当着丈夫的面对我说："我可没有任何权力干涉女儿的生活。"她无疑是在责备丈夫。她还说："我的父母就非常严厉。"另一位母亲对我说："我受够了我的丈夫，他对儿子实在太粗暴。我一点儿都不意外，他父亲以前就是那样对待他的。我想阻止这种恶性循环。"

如今，人们越来越关注家庭矛盾。2006 年，家庭矛盾的严重程度使法国政府意识到"家庭调解"的作用，并正式承认"全国家庭矛盾调解协会"的作用。该协会目标明确，即"减轻家庭矛盾，维护父母与孩子的关系"。许多城市建立了"亲子空间"，让父母在此会见专业人士，讨论婴儿的抚养、青少年的亲密关系、公平等家庭问题，孩子、青少年、成年人都可以参与其中。

当矛盾出现时，对孩子的爱会让您寻求恰当的解决方式。在爱的指引下，如果另一半与您产生分歧，您也会尽量避免长篇大论地批评对方，您更会选择避开孩子做这件事。当然，父母双方都应该这样做。

理性会让您区分根本矛盾和日常矛盾。例如，您的孩子有些焦虑，放学后他希望看见父亲或母亲按时接自己回家。孩子父亲已经决定接孩子放学回家，却几次三番迟到。您因为担心孩子，所以很生气。这时候您需要花时间平静地与孩子父亲谈一谈，避免这件事变成家庭矛盾。

您发现丈夫在某些场合展现出父亲的权威，却认为他并没有尽到父亲的责任，于是您责备丈夫。在听完您的抱怨后，丈夫有些愤怒，坦言那样做并不容易，并承诺下次会尽职尽责，但是，他丝毫没有改变。这会造成父母双方的一个重要分歧，可能会让夫妻之间产生更深的矛盾。

理性会促使您认真解决这一问题，尽可能与丈夫客观地描述这样做对孩子的影响以及可能产生的后果。您可以指出，孩子可能会察觉到父母的想法和言论存在分歧。因此，您可以坦诚地向孩子说明，你会禁止他做某一些事，即使父亲允许了。孩子应该知道这一点，最重要的是，孩子不可以耍小聪明逃避您的限制，要更有责任感，自己对什么该做、什么不该做要尽量心中有数。

父母各执己见的争论可以转变为一场关于各自教育方式的辩论，父母可以借此机会真诚地考虑是否可以共同教育孩子。

离婚

请别再说“离婚不会让孩子产生问题”这种话了。与父母的愧疚和孩子内心的焦虑相比，对孩子说“你过生日和圣诞节时会收到更多礼物”不过是安慰人的假话。我们通常会观察到，父母离婚不久，父母与孩子之间便会逐渐形成一个清晰的结构化框架。

一旦孩子的父母决定离婚，就会产生许多问题。我最常听见的问题是，怎样告诉孩子离婚的事实？要等孩子长大再说吗？您和您的前配偶，怎样保障孩子将来的生活？怎样处理孩子的监护问题？

您在告诉孩子决定和配偶离婚的时候，您的孩子其实早有预感。尽管孩子还小，但他能够察觉到父母相处得不愉快，可能会“分开”。我用“分开”而不是“离婚”这个词，是因为对孩子或青少年来说，他们首先想到的问题与父母不同。

在这种情况下，您爱孩子最好的证明是换位思考，用孩子的视角审视这些问题。孩子会处在忠于父母两方的矛盾之中，他在用感情做赌注，在生命中最重要的两个人，即父母双方之间做出选择。

要想解决这一问题，一旦父母双方明确决定离婚，最好的方式是告诉孩子你们将要“分开”，用词很重要。孩子肯定知道“分开”意味着什么，他已经经历过一些大大小小的分离。通过使用“分开”这个词，您就已经让孩子初步了解您背后的真实意图了。时机成熟时，您可以告诉孩子您决定离婚，并通过法规解释“离婚”这个词意味着什么，告诉孩子你们各自的生活和孩子的未来会如何。您对孩子的关爱也会让您着重跟孩子强调，离婚不会对他造成任何影响，对他说“妈妈和爸爸的心中始终有你的位置，我永远是你的母亲，父亲也爱你，以后仍然会继续爱你”。您也要对孩子说，爸爸妈妈从他出生那天起就非常爱他，你们的爱不会改变。

您不要犹豫，要告诉孩子，如果他能懂得爸爸妈妈之间发生了什么，你们就会为他骄傲并信任他。然而，孩子很可能会哭和抗拒，会对您说这不公平，让您内疚。孩子也可能会表现出小孩子独有的痛苦和焦虑，这些都很正常。请您再一次换位思考，在孩子眼中，如果您自信地告诉孩子真相，对自己的决定有信心，孩子也会更放心，更有安全感。

在理性的指引下，您显然不能责备孩子，而是要好好跟孩子谈论这一重大事件。但是，前提是您已经和配偶谈论过此事，你们对什么该说什么不该说达成了一致。此外，你们要一起和孩子商量，告诉孩子你们永远是他的父母，决定要和孩子说什么。您要知道，生活的转变需要时间。对于您，以及对孩子来说，这样做的好处是能以尽量温和的方式降低对彼此的伤害，能够让孩子逐渐接受事实，因为孩子通常不希望您离婚。理性也会促使您告诉孩子，如果他有问题或者想和您聊聊，您会尽力而为。

像以往那样，通过逻辑思考，您要简明扼要地给孩子解释离婚将会对生活产生什么影响，例如，离婚的不可逆性、抚养权分属两人等情况。您也要和孩子解释，你们双方都会对他负责，告诉孩子可能在金钱方面会产生影响。不过，请别搞错，孩子虽然会全部听完，但只会记住与自己生活相关的影响，比如，他将在哪里生活，什么时候、要去哪所学校上学，自己是否会被迫和朋友分开，是否会与继父或继母共同生活，是否会和异父异母的兄弟姐妹住在一起，等等。您要知道，在许多复杂的离婚案例中，很多孩子会或多或少维护父母中的一方，而对另一方展现出攻击性。为了孩子考虑，哪怕父母双方彼此厌恶，也应该避免互相诋毁、贬低或否定对方。

一个孩子在父亲家度过周末，回家后对母亲说："我和爸爸一起玩了新游戏……太有趣了……棒极了！"于是母亲嗔怪道："怎么，在我家难道你就不开心？"您不要这样，您最好借助心理学所说的"适应过程"，即适应不同环境的能力去解决问题。

文化冲突

如今，跨文化家庭越来越常见。所有夫妻在相遇和生活之初都很幸福。二人一起生活，彼此相爱，分享喜悦，共担忧愁。在跨文化夫妻一起生活之前，他们的父母、兄弟姐妹或各自的朋友总会产生疑惑，不同的国籍和文化背景该如何相处？

一般来说，外人的注意力都在夫妻二人的跨文化背景上。有时，为了和另一半生活、相爱，其中一方必须远走他乡。像所有类型的夫妻一样，跨文化夫妻要逐渐找到更多的共同点，乃至分享共同的爱好与热情。然而，夫妻在寻找共性时往往很快就会发现问题。如果跨文化夫妻成为父母，冲突有可能会日益加剧，如为孩子取名、确定孩子的宗教信仰、祖父母教育观念的冲突、为孩子择校等。因此，当真正的冲突得以呈现时，跨文化父母双方更需要互相尊重，需要相互协商。

第 19 章

做一个足够自如的母亲

传统观念认为，母亲的工作就是打理家务并满足孩子的需求。40 年来，女性身份和社会角色的变化改变了这一观念。对今天的女性而言，怎样做一个足够自如的母亲而不手忙脚乱呢？虽然母亲永远都是母亲，但是母亲在承担养育孩子任务的同时，是否还可以有其他不同的身份？作为一个母亲，怎样在保持初心的同时，又能做一名现代的母亲，比方说成为如今我们经常探讨的“数字妈妈”？

母爱如故……

自始至终，爱孩子的母亲都会有种神圣感：母亲们都深信，她们有责任照顾自己的小孩并让他们感到愉快。还有谁能像母亲那样爱孩子呢？

对孩子而言，任何类型的爱都无法与母爱相比。一个小男孩和同学一起吃自己的生日蛋糕，他在同学面前骄傲地说："我妈妈最棒了！"不仅仅是这个小男孩，当孩子与他人说起自己的母亲时，都会或多或少流露出深深的爱和赞赏之情。孩子再大一些或者到了青春期时可能会和母亲发生矛盾，表现出叛逆、挑衅、要求独立，然而在他们内心深处，孩童时期便有的对母亲的爱无法抹去。

对孩子而言，期待母亲的爱完全合乎情理，很少有母亲会让孩子失望。对此提出疑问的人应该是从未见过孩子从椅子或自行车上摔倒后立刻奔向母亲的场景。也有人质疑母亲对孩子的关爱，他们应该也是没见过在得知孩子受伤后，立刻放下手中的工作去照顾孩子的母亲。母爱向来如此。

爱尔兰作家艾德娜·奥布莱恩在《爱尔兰的黄昏》一书中探讨了亲子关系，她写道："爱是日常生活中琐碎的唠叨，真正的爱是母亲和孩子之间的爱。意大利的壁画主题都是母亲抱着小宝宝，上方画着天使。利默里克礼拜堂精美的壁画也是如此，这类表现母亲和孩子关系的图画一定具有某种意义。"

我还想到儿童小说家阿涅斯·德扎尔特。她在《一个不重要的秘密》和《吃掉我吧》等作品中经常讨论亲子之爱的不稳定性与断裂性。替代性的爱、隔辈血亲关系对孩子的影响也是作家经常探讨的话题。2009 年，她在小说《替代者》中表达了对外公的深切怀念。她的外公在奥斯维辛集中营中被杀害，小说的主人公成了外公的“替代者”和“继承者”。“我的外公死于奥斯维辛集中营，母亲因此非常难过，我从小便遗传了她的悲伤。这种并未直接触及我的痛苦就在那里，在我的记忆中。”

做母亲的也有自己的母亲，哪怕到了今天，报纸也总是乐于刊登母女关系的问题，心理学家甚至服装设计师也对此颇感兴趣。母女关系总是包含固有的矛盾性，无论母女关系是融洽还是不愉快，对于一个成为母亲的女性来说，自己与母亲的关系是一种参考，且往往需要根据自身情况和所处时代进行调整。母亲和儿子的关系则会展现出非常真实的爱与持重的态度，没有人会对其重要性产生异议。

爱的方式今非昔比

当代的母亲宣称自己只有成为“女强人”才能完全配得上“超级妈妈”这个称号。许多母亲努力达成这一目标，但她们时常感到筋疲力尽。然而，理性告诉我们，筋疲力尽时无法做好任何事情。

如今，在孩子出生之时，大部分女性在家庭之外都有独立的工作，她们还总是要承担 80% 的家务和 2/3 的育儿任务。谁也不知道她们做出了多大牺牲，付出了多少努力。

然而，今天要想当好一个母亲，不仅需要努力和牺牲精神，还需要使用精准和更有创造性的方法。

在处理数量和质量两难的问题时，今天的母亲会使出浑身解数。她们不仅有许多有趣的经历，还有实用的建议和新奇的想法。

• 为什么不把周六早上泡澡的时间用来和孩子一起看一部有趣的电影呢？您可以和孩子一起看《睡美人》或者《马语者》。对于稍大一些的孩子，您可以陪他看更吸引人的电影。比如，适合孩子观看的历史类或地理类影片。妈妈、爸爸和孩子都会在看电影时感到快乐！一家人会度过一个轻松的周末。

• 为什么不试着把妈妈对音乐的爱好传递给孩子，让孩子受到音乐的熏陶呢？您可以和孩子玩“盲猜”游戏，让孩子听一段曲子，辨别您所喜欢的音乐选段。这样可以让孩子畅所欲言，而且还可以听喜欢的音乐。

• 如果孩子挑食只喜欢吃糕点，如何用游戏的方式让孩子在饮食上不再任性？一位母亲找到了解决办法。她提供了一份食物清单，用不同颜色进行分类：“绿色食物是我们每天吃的（蔬菜、水果、蛋白质……），橙色食物每天最多吃一次（例如巧克力、酸奶），红色食物只能偶尔吃一次（榛子巧克力酱、比萨饼、薯条）。”

如今的母亲不再只是爱孩子胜过一切的女人，她们期待与丈夫一同养育孩子，分担教育孩子的责任。丈夫不要逃避，不要反对妻子，而是要支持妻子。女性对丈夫的期望与夫妻之间的生活关系密切。如果夫妻两人离婚，母亲带着孩子独自生活或者与另外一个男人开始一段新生活，这种期望仍然存在。

怎样让孩子与继父相处？

哪个孩子在父母争吵时不会感到焦虑？哪个孩子在父母离婚后不会感到担忧？其实他们所受的影响非常深。但是，除了个别例外情况，也没见过随着时间的推移哪个孩子不能适应新的家庭生活。在震惊之余，我往往听到孩子说：“我爸爸妈妈没法好好相处了。”“他们性格差异很大。”“这是成年人的问题。”“如果他们中有谁想离婚，我就会去劝另一方跟他/她离婚。”等等。

我也曾听孩子说出这句令我震惊的话：“离婚就更好了。如果他们再和别人结婚，圣诞节我就能收到更多礼物了。”这句话也许可以让离婚的父母不那么愧疚，但是请不要误会，这句话不能涵盖孩子的全部情感。与以往任何时候相比，今天的父母都更应该懂得，只有将爱、理性与逻辑结合起来，才能培养出有责任感的孩子。

无论孩子多大，您对孩子的爱都会促使您为他选择合适的继父，开始一段新生活。不仅因为您渴望与新丈夫一起生活，真正与他厮守终生，还因为您知道他会接受您的过去，尤其是会接受您时至今日仍在亲自抚养的孩子。如果满足这些条件，您就能在多方面成为赢家。您会为孩子赢得一个好父亲，为您自己赢得一个好丈夫，为您遇见的新丈夫赢得一个好妻子。然而，这并不意味着不会产生新的问题和困难。

很简单，理性基于这样一种事实：时间有助于解决一切问题。一个孩子，特别是男孩，无论是否明确表现出来，对继父产生疑惑或嫉妒心理都是正常现象。这时，孩子会要求母亲更加关心自己，为了吸引母亲的关注，孩子会表现得更为苛刻甚至更具攻击性。孩子会故意惹怒继父，试探他的底线，也会将继父与生父进行对比，进而伺机挑衅。如果父母已经离婚一段时间，孩子的上述态度会更加明显。因为此前，孩子与母亲独自生活，母亲与孩子的关系会变得更加亲密，感情会比平时更深厚。

您的两种理性态度能让这种变化尽可能朝好的方向发展：

- 克里斯蒂娜·布吕奈和安妮－塞西尔·萨尔法蒂在她们的育儿书中所言极是：您要给孩子、新伴侣和自己一些时间，相互建立情感联系。对于小孩来说，突然毫无保留地接受母亲从此与一个陌生男人共同生活并不容易，对青少年来说更是如此。对于母亲而言，如何平衡与新丈夫以及孩子的生父共同承担的育儿责任也并非易事。
- 鼓励每个人表达自己的观点。跟孩子解释清楚，在家中，目前只有您——妈妈，才有权做出最后的决定。

您要用逻辑处理这一问题。不要强行让孩子马上完全听命于您的新伴侣，不要切断孩子和您前夫的联系，无论您和前夫之间有什么矛盾，都不要这样做。孩子并不傻，他知道您和前夫有矛盾，孩子很清楚，如果您和前夫没有矛盾，就不会分开了。如果您一意孤行，就会两败俱伤。

在生活中，面对新伴侣，您要克制住自己的脾气，对让自己感到不快的事保持平和的心态。您也要告诉新伴侣，希望他能真心对孩子友好，为孩子着想，但是他不能勉强，不能假装对孩子友好、假装喜欢他。

重组家庭能否和睦，很大程度上取决于新家庭成员是否期待一起生活。这是对大家彼此是否信任的考验。您最好在正式告诉孩子你们将一起生活之前，提前试探彼此的信任度。

符合逻辑的做法是，您需要在试探时使用以下话术和方法：

- “我交了一个新朋友。如果我们相处得不错，我就带他见你。”
- “我请这个朋友来吃晚饭或者午饭，我之前和你说过，他叫……”
- 三人初次见面后，请您不要着急，花时间问问孩子觉得您的新朋友怎么样。
- 您可以在某个周末告诉孩子，这个他刚认识的男人可能会和您住在一起。一般来说，您的孩子要么会猜到，要么准备听您陈述事实。
- 在整个试探期间，您可以偶尔对孩子说，如果爸爸问他什

么问题，他可以和爸爸谈谈，这会很有帮助。我见过许多孩子，他们忠于自己的亲生父亲，从而陷入苦恼和矛盾之中。

此外，您不要让孩子当您和前夫之间的调解员，也不要让孩子在您和前夫之间传话，无论是私人问题还是物质和经济方面的问题，都不要通过孩子传达。由于你们之间存在矛盾，所以有时您直接与前夫沟通会很困难。但是，我也听许多孩子甚至成年人说，每当自己回忆起那些往事时，都会觉得非常沉重。

试探期可能会让您觉得有些枯燥，流于形式，磨灭您的期望和热情。但是这会让您知道自己的选择是否合适。您可以在时机成熟时，具体地向孩子证明您关心他、爱着他并跟他讨论您的决定。孩子会懂得，您是一个永远有能力去爱并被另一个男人爱的女人。您绝对想不到，这么做会让孩子备感安心。

虽然问题并不能得到彻底解决，但是如果您的伴侣和您争吵，至少您的孩子不会明确想着报复他（孩子都很机灵），不会直接和您表态。您可以问孩子到底因为什么恼火，为什么他会不高兴或感到愤怒。这样一来，您就可以表达对孩子的关心，并表示您正在直接帮助孩子和您的新伴侣建立和谐的关系。

这种情形与过去相比更为常见，尤其能够揭示出您作为家长，以爱、理性和逻辑为原则教育孩子的基本理念：

- **借助孩子生活中的具体事例向孩子阐明情况，孩子会因此**

感兴趣，更好地理解您的做法。儿童和青少年都听不进复杂的长篇大论。如果您跟孩子讲得很复杂，脱离实际，那么他们会感到不适，难以自我定位。

- 回答孩子提出的问题。
- 让孩子懂得，您对自己和他的生活负责，希望他在生活中面对不同的情况时，也要对自己的生活以及发生的事情负责。

通过上述做法，您可以避免自己成为一个放任自流的母亲，不会对事情的发展不管不顾；也可以避免自己成为一个专断的母亲，不与孩子讨论就强行让孩子按照您的意愿行事。反之，您会成为一个“培育型”的母亲，正确教育您的孩子。

独自抚养孩子的母亲

由于离婚率增加，加之孩子主要由母亲监护，越来越多的女性因此成为家中唯一的顶梁柱。从最新的人口普查结果来看，与男性相比，离婚女性要投入更多的时间重新组建家庭。父亲离婚 4 年后再婚的比例为 44%，而母亲离婚 4 年后再婚的比例仅为 28%。除离婚之外，丧偶的母亲、单身母亲、少龄母亲往往需要更长时间才能重新组建家庭。

独自抚养孩子非常艰难，尤其是前几个月。当孩子处于分离个体化阶段（首先是 18 个月到 3 岁，然后是青春期）以及需要对二人的生活做出重要决定时亦是如此。母亲有时可能会出于内疚，与孩子过于亲密，以弥补孩子的情感缺失。有时母亲也会感到力不从心，感到难以尽到母亲的责任，与孩子的矛盾往往会激化。

无论如何，母亲应该避免悲剧的发生。要知道，这种情况在历史上屡见不鲜。过去有太多女性因为丈夫奔赴战场或去世，独自承担起育儿的责任。然而，这一情况非常特殊，因为此时母亲独自抚养孩子并不是因为夫妻之间存在矛盾。今天类似情况仍然存在。例如，丈夫去很远的地方甚至其他国家工作，许多母亲不得不独自抚养孩子。

当今社会，还有许多母亲完全独自抚养孩子。她们往往在社会上感到不适，并且感到非常痛苦。在与孩子产生矛盾、难以和孩子独处时，单亲母亲无法向孩子的父亲或监护人、祖父母求助，让自己与孩子保持一定的距离。单亲母亲时间紧迫，她们既要肩负起妈妈的角色，又不能忽视自己的工作与生活。除此之外，单亲妈妈有时甚至会遭受社会的污名化。

出于对孩子的爱、逻辑与理性，一个单亲妈妈要独自承担日常生活中繁重的事务，管理自己的情感生活，有时还会遇到严重的经济困难。从情理上讲，她希望可以得到所有能够求助的人以及身边人的支持。

两类特殊的单身母亲

未婚母亲和少龄母亲是两类特殊的单身母亲。我总会遇到这两类母亲。她们对孩子的爱有时可能让孩子难以喘息。在孩子成长的过程中，与孩子过于亲密、让孩子和自己过于亲密、无法与孩子保持正常距离、不懂得拒绝孩子的欲望等，可能会造成更严重的问题。另外，您也最好不要与孩子分享自己的私生活和内心私密的想法。您的孩子毕竟只是孩子，不是能够帮您出谋划策的挚友，更不是您的伴侣。那么，在这种情况下，您应该如何教育孩子呢？

在爱、理性和逻辑的指引下，您会为孩子创造有男性参与的生活，尽量带孩子见他的舅舅、外公或您的男性朋友。等孩子长大或进入青春期后，如果他想和您家之外的其他男性接触，请您不要反对。很显然，男性家长的形象似乎会受到孩子的青睐，比如，另一个孩子的父亲、孩子喜爱的活动主持人、健身教练、男老师等。您应该让孩子跟您以外的人接触，在家庭之外找到乐趣。无论您的观点和感受如何，要接受孩子问您有关他父亲的问题，并简洁明了地告诉孩子他和您分开生活的原因。

对少龄母亲来说，尽管她们当中有些人对生活感到幸福和满意，但这绝不意味着她们会很轻松。在意大利导演克里斯蒂娜·科门奇尼执导的电影《夜幕降临之时》中，男主人公从小被放荡的母亲抛弃。长大后，他遇到一个年轻的母亲。这位母亲没有能力抚养自己体弱多病的儿子。他和这个女人纠缠不清，孩子的母亲也很惧怕他。有一天，他救了这位母亲的三个孩子，他们因此最终在不快和恐惧之中选择在一起。这两个人物令人印象深刻，他们都生活在双重孤独之中。我遇到过许多孤独的少龄母亲，她们缺乏经验，过去的生活十分艰难，孩子对她们的感情犹如救命稻草，使得她们作为母亲尤为敏感。她们当中一些人得到了孩子父亲的支持，另一些人得到了父母的支持，更为常见的是得到了娘家人的支持。亲友的支持会为少龄母亲减轻负担。

如果母亲抑郁消沉……

一位妈妈可能会生病、失业或是和丈夫产生严重的矛盾。妈妈并不是万能的，孩子却希望妈妈是坚不可摧的。如果妈妈做得不尽如人意，孩子就会生气，好在亲子之间的爱可以弥补这一点。

如果母亲压力很大，甚至抑郁消沉，会产生什么后果？现今的科学研究表明，孩子和抑郁的亲属一起生活或整天被消极情绪影响，很可能也会出现问题。我们知道，消极的年轻母亲很可能会无视婴儿的哭声。如果父母消极，孩子产生焦虑、抑郁或成瘾、多动等其他问题的风险就会增加。孩子出现这些问题不仅与遗传因素有关，还与心理、社会及文化因素有关。无论哪种因素占主导地位，有效的育儿方法都可以缓解孩子的抑郁情绪，降低孩子的痛苦。

2006年，一项抑郁症的序贯治疗研究调查揭示了母亲抑郁症的缓解对孩子成长的影响。研究数据来自母亲患有抑郁症的家庭，样本是80名7~17岁的儿童和青少年，他们被分为三组：

——母亲的抑郁症能够迅速好转（少于3个月），共有36人。

——母亲的抑郁症好转得很慢（3～12个月），共有28人。

——母亲的抑郁症超过一年没有好转，共有16人。

在考虑其他因素（如社会人口特征、婚姻状况等）后，研究人员发现，经过一年的缓慢治疗，与总是陷入抑郁之中的母亲相比，那些抑郁症得到缓解的母亲，她们孩子的抑郁情绪会得到明显改善。值得注意的是，该研究遵循单盲原则：研究人员与母亲和孩子单独见面，在会见孩子时，没有告知其母亲的抑郁情绪已经得到缓解。

研究人员还发现，母亲抑郁的改善会比孩子早，进而会影响孩子的心理状态，二者呈现出某种因果关系。

该研究证实了母亲尽早发现（如果可能，尽早治疗）抑郁症非常重要，同时也说明了如果母亲在孩子出生第一年患上抑郁症，那么孩子很可能会在未来出现心理问题。最后，研究人员还指出下面的这种恶性循环：母亲总是优先关心孩子的身体健康，却延误自己的治疗，认为如果孩子痊愈自己也会痊愈。然而，孩子能否痊愈取决于母亲的状态！在亲子的心理状态互相依赖的情况下，母亲、父亲乃至父母双方的治疗是防止心理疾病代际遗传的关键 。

如果一位妈妈由于工作、夫妻关系、健康原因感到十分忧虑，而且无法隐瞒的时候该怎么办？应该和孩子说些什么？

有鉴于此，理性会指引母亲运用恰当的方法解决问题。您最好不要说谎，哪怕事实让您痛苦，也要向孩子解释发生了什么。在理性的指引下，您会尽可能避免消极的态度，清楚地和孩子讨论自己的问题。您要避免过于消极的表达，比如“我一无是处”“我丢了工作”“我不会帮你了，你要自己解决问题”等等。

在日常生活中，您要尽量保持自己的节奏和习惯，让孩子逐渐意识到您带给他的变化。有时孩子可能会变得冷漠，有时孩子又会表现出更迫切的需求，其实孩子是在伪装自己，他的“自私”只是假象。

最后，请不要忘记，您可以向孩子的父亲或身边的成年人寻求帮助，但是一定要和对方说清楚（如有必要，反复叮嘱对方），这只是您和孩子之间的事。也请永远不要忘记，孩子虽然不一定会表达出来，但会感到深深的内疚。无论出于什么原因，您都不要自责，尽量不要让自己感到疲惫。

第 20 章

做一个合格的父亲

法国作家、文学评论家贝尔纳·皮沃有两个女儿，她们如今已长大成人。作为父亲，他曾在新书中写道："对我来说，父爱就是为了两个女儿拼命赚稿费。我认为我不擅长教育孩子，更适合赚钱养家。"

如今这位父亲的想法又是怎样的呢？他对父亲的认识可能会有所改观。2002 年，法国开始实施父亲陪产假。在孩子出生 4 个月内，父亲可以休 11 天假期。然而，大约 40% 的父亲从未休过陪产假。如果父亲不在乎形象受损，不心疼工资，而是陪孩子参加学校组织的郊游，或者干脆请几天假陪伴孩子，难道不是非常不错的选择吗？

因此，在承认男女会有不同选择的基础之上，怎样平衡男性与女性需要承担的家庭责任？怎样平衡家庭责任与目前以及未来的经济需求？上述问题尚待回答。在承认父亲爱孩子、对孩子充满感情与期望的同时，每个父母都应该用逻辑和理性给出自己的答案。

父爱从未改变……

除了母爱，父爱的作用也不容忽视。尽管父爱的表达随时代和文化的变化有所不同，但是，父爱一直存在。男性之爱的给予者首先是孩子的亲生父亲，但也可以是其他男人，比如，母亲离婚后的新伴侣、孩子的舅舅、爷爷或外公等。我们在后文会看到，虽然父子或父女的关系向来有所不同，存在一定的差异，但是这种差异已经大大缩小。我们也会观察到，无论男孩还是女孩，无论儿童还是青少年，相较于父亲，孩子更愿意与母亲坦诚相待。某些相关调查如今仍能证明这一点，然而，这种差异也的确在减小。如果说每个孩子都有自己的秘密，那么对于孩子来说，每个父亲也有其神秘的一面。一直以来，儿童和青少年都渴望与父亲交流，却总是在行动上有所顾虑。

尽管父母双方在法律上拥有的家长权力是平等的，但普遍来讲，比起母亲，孩子显然更害怕父亲。一般来说，孩子都会对父亲的专断和愤怒感到恐惧。我们常常发现，过于内向的孩子和极度叛逆的青少年总有一个专断、暴躁的父亲，但是这种因素本身并不能解释孩子的内向和叛逆。同样，父亲太冷漠、以自我为中心或在孩子成长过程中缺席，会招致孩子的不满甚至日后的怨恨。如果说孩子对母亲的尊重不言自明，那么孩子也应该尊重父亲。同样，父亲也需要尊重孩子，孩子向来希望得到父亲的认可与关心。

父亲的作用今非昔比

与50年前相比，父亲的角色和作用必然会有所不同。在亲子关系和子女教育方面，父亲的作用无疑比过去更大。如今，父亲明显的变化是会陪怀孕的妻子去产科就诊，更经常陪孩子看病。从爸爸给小宝宝准备奶瓶、喂他吃东西，到孩子自由表达，希望爸爸陪伴、接自己放学，孩子会从父亲身上得到与母爱互补但类似的爱。

某项研究调查了父亲对孩子幼儿园生活的参与度，调查对象为6个月到两岁的儿童。调查结果显示，30%的父亲参与了孩子的入学注册，大约60%的父亲接送孩子上下学，36%的父亲陪孩子一起度过入园适应期。超过60%的年轻父亲自认为“深爱着孩子”，而且孩子越大感情就越深。在孩子6个月到两岁期间，超过55%的父亲认为自己逐渐成为包揽一切的“超级奶爸”，但是随着孩子年龄的增长会趋于正常。对于6个月大的小宝宝和两岁孩子的父亲来说，认为自己“不算太过专断”的占比分别为50%和40%。最后，80%的父亲认为，在孩子两岁之前，自己一直都对孩子尽职尽责，这一调查结果也同样适用于母亲。这一结果表明，无论男孩还是女孩，年轻父亲和自己的孩子更亲密。毫无疑问，如果我们调查更早出生的上两代父亲，得到的数据会完全不同。上述数据甚至让幼儿园的保育员和老师认为，有些父亲对孩子十分溺爱。

对当今的父亲而言，良好的亲子关系关键在于如何寻求平衡，与子女保持合适的距离。父亲和孩子的关系可以更融洽，融洽的关系意味着和谐与平衡。如果说过去孩子渴望与父亲交流，但总是感到害怕和恐惧，那么毫无疑问，今天的父亲可以给孩子提供更广阔的交流空间。

如今，父亲地位和作用的变化对男孩和女孩都会产生影响，但对女孩的影响可能会更强烈。相较于过去，当代的女孩可能在学业、生活方式、独立、感情生活、社会成就等方面更认同父亲的想法。因此，除了我们熟知的表达“有其父必有其子”外，今天我们也可以说“有其父必有其女”。

女儿对父亲的期待也发生了变化，她们希望父亲主动和自己交流、信任自己、尊重自己作为女性的权益、理解自己的情绪，希望在自己痛苦时，父亲可以理解自己，而不是什么都不做或者什么都不说。父女之间有时也会有难以开展对话的时候，但对话内容显然要比过去更有广度和深度！

独自抚养孩子的父亲

不仅母亲会独自抚养孩子，有时候父亲也会独自承担起教育孩子的责任。在这种情况下，父亲可能也会像独自抚养孩子的母亲那样和孩子过于亲密。如果孩子是女儿，父亲还可能会表现得过于温柔，来弥补母爱的缺失。父亲也会感到疲惫不堪，这会让亲子关系变得僵化。孩子有可能会觉得被欺骗，长大后可能会难以组建家庭，或者特别依赖父亲。

一般说来，单身父亲可能会再次找到能够帮助自己抚养孩子的另一半。上一章中已经陈述了母亲如何在生活中经营孩子和继父的关系，给出的例子和建议同样也可以为父亲处理孩子与继母的关系提供参考。

然而，经验告诉我，一般情况下，父亲处理孩子与继母的关系远比母亲处理孩子与继父的关系更困难。因为对孩子来说，亲生母亲的地位永远不可替代!

当父亲遇到困难……

上一章的研究表明，母亲的心理状态会对孩子的心理状态产生影响，父亲也不例外。我在工作中接待过一些孩子和青少年，他们的父亲要么有严重的健康问题，要么在工作中遇到了特别大的困难。这些孩子更容易受到父亲的强烈影响，但与母亲对自己的影响相比，他们更不愿意表达或者更加克制。因为孩子被灌输了社会上的刻板印象：“男人要强大，不能弱不禁风。”

矛盾的是，在这种情况下，孩子的焦虑被抑制住了。就像谈及母亲的困难一样，当孩子能够表达这种焦虑时，由于看到父亲的软弱，孩子会在愤怒和痛苦之间挣扎。父亲应该怎么做？应该说些什么？我给父亲的建议与上一章里给母亲的建议相同。

亲切的旁观者

卡洛琳和雨格有两个孩子，女儿叫埃莱奥诺尔，儿子叫于连。虽然夫妻二人工作繁忙，但也希望好好教育孩子。卡洛琳每晚下班回家后，都会尽其所能让两个孩子按时做作业。问题在于，卡洛琳并不能每天晚上都让孩子乖乖听话。她晚上也忙着做家务，而且7岁的于连有时并不想学习。一天晚上，卡洛琳的母亲来了。于是，她便看到了家中晚上寻常的一幕：于连表现得非常抗拒，女儿因此非常生气。卡洛琳让儿子写出17到19，101到110的法文单词，因为她知道儿子能够写出来。然而，她越要求儿子，儿子就越生气；哭得越厉害，反抗就越激烈。于连的外婆在当时不敢介入，她一定有自己的道理。但是第二天，她在和女儿谈到于连的任性时说：“昨晚我目睹了全过程，我觉得有更好的解决办法。”卡洛琳反驳说于连脾气倔强，自己晚上也没有太多时间。卡洛琳的母亲说道：“你不觉得生气更浪费时间吗？”卡洛琳恍然大悟，认为母亲的话有道理。

这位外婆既关心孙辈，也关心自己的女儿，因为她爱他们。她保持了理性，没有选择在母子吵架时介入其中，并通过逻辑论证让女儿理解自己的观点。

如果父母双方没时间照看孩子或者产生矛盾，孩子和祖父母的关系就越发重要。一项美国的调查表明，对于出身贫寒、性格倔强的孩子来说，如果他们在儿时得到过祖父母的陪伴，就可以更好地融入社会，心态也会更加平和。只要祖父母喜欢照看孙子孙女，和子女不存在重大的教育理念冲突，他们就会成为孩子的重要资源。

结语

做充满爱、有原则和讲道理的父母

如今，许多父母都在教育孩子时感到力不从心。让我们一起来迎接挑战。近年来，家长见证了教育理念翻天覆地的改变，有些教育理念对孩子有益，有些效果并不显著。身为父母，现在需要认清自己的处境，但是到底应该怎样做呢？在这本书中，我提出了更有可能成功的教育理念。除了提出一些实用的建议外，我还给出了许多生活上应该坚持的原则，为孩子和父母的快乐留出广阔的空间。

孩子在明事理之前都会感情用事……父母也是一样，但有时会过于用情。我并非让父母抑制对孩子的爱，而是建议父母用理性的言语与孩子交流，也就是用清晰、准确的话语和孩子沟通，既不陷入内疚，也不困于说教。

如果父母可以在言语中增添一点逻辑，与新时代的孩子讨论对于教育的看法时，能够面带微笑，言语中带有些许想象力，充分发挥自己的能力，那么我敢打赌，孩子与父母的关系在未来肯定会更加融洽。恰恰因为有这类父母的存在，孩子才会更加自信、更加自豪，更重要的是，才会承担起属于他那个年纪的责任。

如果您爱孩子，应该对您的理性和孩子的未来充满信心，如果您能在孩子成长过程中陪伴他，并看到孩子的长处和短处，对于孩子来说，您就是孩子最棒的家长。

我相信，如果父母将爱给予孩子，并得到来自孩子回馈的爱，一定会感到幸福。如此，每个人都可以从中找到生活的意义。

附录一

12 条实用的育儿建议

1. 尽可能多与孩子交流

交流时，内容要简明扼要、落到实处，避免模棱两可、枯燥。尽管在交流过程中双方观点可能会对立，但是通过交流，您可以心平气和地与孩子展开真正的、亲切的对话。交流不是争论，而是一种讨论。

2. 重视孩子的身心发展

让环境与孩子的内心力量及高度相匹配，同时也要让孩子参与到环境中去。将孩子需要的东西放在他触手可及的地方，这样做有益于孩子的身心发展。例如，从身体发展看，不要让孩子走得太快，书架的高度要适当等。从孩子的心理发展看，评估孩子在学校的能力时，要结合孩子的实际年龄，而不是班级的平均年龄，不要要求孩子像成年人那样听您讲话。

3. 与孩子一起参加有益身心的活动

一项针对 4 岁儿童的调查表明，一起演奏乐器或听音乐的儿童经常会互相帮助，也更善于和同伴交往。孩子之间共同玩耍有利于自身发展，孩子与父母一起参加活动也是如此。父母跟孩子参加的文化实践活动，只要符合孩子的年龄和兴趣，均有利于孩子的成长。

我特别建议父母和孩子一起做运动。父母通过和孩子共同参加一项活动，或者鼓励并建议孩子陪自己做喜欢的运动，可以增进家庭成员之间的感情。

运动既可以让父母正确评价孩子，也可以让孩子不高估自己，重视自身价值。

• 运动让人身心放松，分泌让人产生愉悦感的内啡肽。

• 运动不仅让您感到愉快，也会让您集中注意力并且全身心投入。

• 运动会增加您与他人接触的机会，可以让您交到不同年龄的朋友，有时甚至会让您结识相伴一生的朋友。

- 运动可以让您暂时摆脱日常事务，在他人的给予和分享中了解对方。
- 有些体育运动，例如竞走、帆船、高尔夫等，能够让人有新的发现。

4. 以游戏的形式让孩子参加他不愿意参与的活动

1687年，法国散文作家弗朗索瓦·费奈隆在他早期的教育理念中提出："请让孩子玩耍吧，将教育与游戏相结合。"对于大多数儿童和青少年来说，家庭作业是一种负担。但是，偶尔通过计分和计时，以游戏的形式让孩子完成作业，可以缓解压抑的氛围。您不要让孩子背诵单词表，可以在纸上写下几个单词，让孩子找出需要掌握的词汇。您可以跟孩子玩"数字与字母"或者"谁想成为百万富翁？"的游戏，增加孩子的文化常识。如今，电脑或手机有许多有益学习的软件或应用程序，也有许多有利思考的游戏，如策略类游戏。无论年龄多大，用户都可以找到适合自己的游戏，但是要适度。

5. 学会幽默

幽默是化解矛盾的最佳方式。但是，请您不要对一个只有4岁的孩子说："你的记忆像金鱼一样。"孩子到7～8岁后才能体会到语言背后的幽默。

6. 为孩子制造惊喜

在孩子还是小宝宝的时候，父母常常一边爱抚孩子，一边说着一些有趣的话逗孩子开心。在游戏的过程中，伴着惊喜而来的是孩子开心的笑声。

等孩子再大一些，您就可以在孩子不知情的情况下突然出现接他放学，给孩子小礼物或带他看电影。惊喜不是孩子学习或表现良好的奖励，而是平淡生活中的调味剂。正如精神分析学家丹尼尔·马尔切利所言："惊喜会使孩子在预期和现实之间投资……也会促使孩子学习。当孩子长大后，邂逅将来的爱情，其中的一个来源就是……惊喜！"

7. 及时更换更适合的教育方法

作为父母，要想保持自我平衡，并在教育孩子时卓有成效，那么持续采用一成不变的、过时的教育方式可能毫无用处，甚至还会适得其反。例如，您不断告诉孩子要"整理房间"是没有任何作用的。更好的方式是给孩子展示怎样巧妙地整理房间，才能让屋子拥有更多空间，从而更好地玩耍和学习。

8. 改变您说话的方式

如果孩子不听话，您最好不要用禁止和威胁的口吻命令孩子，例如："现在不许去外面玩，否则明天就别去朋友家！"更好的方式是对孩子说："如果你今晚不去外面玩，明天就可以去朋友家。”

要激发孩子的自信，而不是指出孩子的失败。您可以对孩子说：“这道题跟你之前做过的题类似。你之前会做，为什么这次没做对呢？”而不是说：“别再做错了，注意力要集中。”

9. 紧要关头，请先思考再行动

校方刚刚通知您，您的孩子必须留级。请您不要对老师展开言语上的攻击，也不要立刻告诉孩子他将要留级。请您想一想孩子留级的原因，不要将其视为一次失败，而是思考怎样才能利用留级，让孩子更好地适应学校生活。

10. 避免羞辱孩子

孩子对羞辱十分敏感。父母应该尽量避免表达“你一无是处”或“你太笨了”，哪怕是以幽默的方式。否则，孩子会对同伴说出这些并不友好、具有侮辱性的言辞。孩子之间相互嘲讽、恶语相向的情况屡见不鲜。虽然我们是成年人，是父母和老师，但这也不是我们可以对孩子恶语相向的理由。这样的话语不仅会让孩子感到冒犯，还会被认为是言语羞辱。

11. 请教会孩子“双赢”

孩子可以很快理解“双赢”的规则。爱是买不到的，要靠交换。孩子会感受到，自己越爱父母，父母就会越爱自己，自己越有责任感，父母就会越自豪，自己越成功便越自信。生活虽不是一场游戏，但也存在某种像游戏一样的规则。

12. 在最需要的时候寻求合理的建议

“乱出主意的人不承担后果。”您最好将这句格言牢记于心。您经常能听到一些建议，例如，怎样帮孩子入睡、孩子应该吃哪种食物、哪所学校最适合孩子、晚上外出应该几点回家等等。有些建议会对您有帮助，但也不要过于相信。

很多问题都会使您担心、忧虑，但只有一部分值得您花时间去研究，听取不同的意见、做出自己的决定。您想知道女儿为什么厌食，或者孩子在青春期是否有追求者，那么寻求他人的帮助是否正确？您是否应该咨询专家？应该怎样和专家谈论这一问题？您是否需要与值得信赖的人聊聊，获取该怎样做的建议等。因此，寻求他人的帮助是正常的。

附录二

父母类型小测试

您知道自己是哪种类型的父母吗？请准备好笔来测试一下吧。

1. 如果您的孩子入睡困难，您会：

A. 迅速将孩子抱在怀里。

B. 稍等片刻，看看孩子是否能够安静下来。

C. 认为孩子应该学会独自入睡。

2. 关于周末的娱乐活动，您会：

A. 优先考虑适合孩子的娱乐活动。哪怕您并不喜欢这项活动，但您会优先考虑什么活动适合孩子。

B. 决定去做您和伴侣喜欢的娱乐活动，您的孩子只能跟随。

C. 激励孩子并告诉他，您会带他一道参加您提议的活动。

3. 如果浴室一团糟，您的孩子找不到自己的东西，您会：

A. 认为这种问题无关紧要。

B. 让您的孩子收拾自己的洗漱用品，同时让孩子彻底整理自己的房间。

C. 告诉孩子，每天早上洗漱时，不必焦躁地寻找自己需要的物品，从容不迫地洗漱会感觉非常舒服。

4. 如果您的孩子们互相争吵，您会：

A. 坚决干预孩子们的争吵，询问每个孩子对不必要的争吵是一种什么样的看法。

B. 随便给哪个孩子一记耳光，然后把孩子扔在床上，震慑其他孩子。

C. 让孩子们自己解决矛盾。

5. 如果您正值青春期的孩子醉酒而归，您会：

A. 对孩子说您无法接受醉酒的行为。

B. 想到您在孩子这个年龄段时也没比他好到哪里去，因此什么都不讲。

C. 向孩子解释青少年原则上是不可以饮酒的，醉酒可能会带来危险，您真心希望孩子能够有所控制，或者是有一个可以信任的、在聚会时不喝酒的朋友，可以陪着他或送他回家。

6. 仅凭第一印象，下列哪种情况会触动您：

A. 您的孩子面带微笑，您为此感到骄傲。

B. 如果老师发现孩子的衬衫纽扣没有扣好，他们会怎样想。

C. 孩子自己决定自己的穿着。

7. 如果您的杂志不见了，您会：

A. 猜想您的孩子可能对杂志里的内容感兴趣。

B. 无法接受有人未经允许擅自拿走您的杂志。

C. 认为这不算什么大问题，因为您也经常偷拿喜欢的杂志。

8. 有一天，您在街区的小路上遭到他人袭击，感到害怕，您会：

A. 如果您的孩子从这条路经过，您会认为他可能比您更勇敢。

B. 坚决禁止孩子走这条路。

C. 告诉孩子发生了什么，并问孩子如果是他，应该怎样做。

9. 如果您希望给孩子拍照片，您会选择哪种场合：

A. 在孩子运动的时候拍照，因为您会感到孩子动力十足。

B. 在孩子玩有教育意义的游戏时拍照。

C. 在孩子淘气的时候拍照，尽管不太合时宜。

10. 如果孩子突然变得特别任性，您会：

A. 无法忍受。

B. 任凭孩子表达自己的愿望。

C. 如果孩子到了可以沟通的年龄，您会选择与孩子沟通，找出孩子突然任性的原因。

测试结果：

A 标记最多的为“放任型”父母。

B 标记最多的为“控制型”父母。

C 标记最多的为“培育型”父母。